AF765988

www.ingramcontent.com/pod-product-compliance
Lightning Source LLC
LaVergne TN
LVHW010812051026
849532LV00007B/2517
* 9 7 8 9 3 6 9 0 8 3 2 0 6 *

علم و ادب : نئے دریچے

(تعمیر نیوز ویب پورٹل کے منتخب مضامین)

علم و ادب سیریز: 2

مرتب:

مکرم نیاز

Ilm o Adab : naye Dareeche - Part-2

by: Mukarram Niyaz

Edition: October '2025

Publisher :

Taemeer Publications LLC (Michigan, USA / Hyderabad, India)

ISBN 978-93-6908-320-6

9 789369 083206

کتاب : **علم و ادب : نئے دریچے** (حصہ : ۲)

مرتب : **مکرم نیاز**

صنف : غیر افسانوی نثر

ناشر : تعمیر پبلی کیشنز (حیدرآباد، انڈیا)

سالِ اشاعت : ۲۰۲۵ء

صفحات : ۱۳۰

سرورق ڈیزائن : تعمیر ویب ڈیزائن

فہرست

پیش لفظ

علم و ادب اور فہم کا سفر (دریچہ: ۲)

مکرم نیاز

مطالعہ کی تاریخ پر جب طائرانہ نظر ڈالی جائے تو معلوم ہوگا کہ اس کا سفر تین عظیم، تاریخی و ادب ساز ادوار سے عبارت ہے، جنہوں نے انسانی دل و دماغ کو مسحور کیا اور علم و حکمت کو فروغ دیا۔ سب سے پہلا دور وہ تھا، جب کاغذی صفحات، رسائل اور اخبارات علم و عرفان کے چراغ تھے، جو مدھم روشنی میں انسان کے رب کا راز افشا کرتے تھے۔ یہ زمانہ اپنی سادگی، اپنی اخلاقیات اور خلوص کی یادگار سمجھا گیا، مگر رفتہ رفتہ زمانہ تبدیل ہونے لگا۔

پھر وہ عہدِ طلوع ہوا، جب انٹرنیٹ کا جادو ہر زبان کے قاری پر سایہ فگن ہوا۔ اپنی برق رفتاری اور بے مثال وسعت کے ساتھ، علم و آگاہی کا یہ سمندر گویا ہر قاری کی انگلیوں کی زینت بن گیا۔ ایک کلک سے ایک نئی دنیا، ایک جھلک سے دوسری حقیقت، اور ایک لمحے کا کچھ حصہ، قارئین کو بے پناہ وسیع اور دلکش دنیاؤں کا مسافر بنا گیا۔ دراصل یہ ایسا انقلابِ عظیم تھا، جو علم و شعور سے لبریز اسبابِ زندگی بن گیا۔

تیسری اور سب سے زیادہ حیرت انگیز تبدیلی سوشل میڈیا کی شکل میں نمودار ہوئی۔ ایک ایسی دنیا، جہاں فاصلے مٹ گئے، اور خیالات و احساسات کی سرائیں، عقل و شعور کے میدان آباد کرنے لگیں۔ ہر فرد، ادارہ، قوم، ایک دوسرے کے قریب، اور ایک دوسرے کے ہم نوا ہو گئے۔ یہ میدان عمل، تعلیم، اصلاح اور سماجی بیداری کے قافلے کا ایسار ہنما باور کیا گیا جو تاریکی کے خلاف علمِ نور بلند کرتا ہے۔

اسی فضا میں، ۲۰۱۲ء کے اواخر میں 'تعمیر نیوز' کے افق کو روشن کیا گیا، تاکہ اردو ادب و ثقافت کے اس بحرِ بے کنار کو ایک جہانِ تنقید و تصور میں تبدیل کیا جا سکے۔ تیرہ سال کے اس سفر نے یہ باور کرایا ہے کہ اردو زبان کا یگانہ لہجہ، اس کے بلند خیال اور اس کے پیغام، امتزاجِ علم و فن میں ہی زندہ رہ سکتے ہیں۔

اس کتاب میں 'تعمیر نیوز' سے اخذ کردہ ایسے مضامین کو شامل کرنے کی ممکنہ کوشش کی گئی ہے جو علمی و ادبی تحقیق کے منفرد و متنوع موضوعات کا احاطہ کرتے ہوئے قاری کی مناسب علمی و ادبی رہنمائی کا فرض بھی انجام دے سکیں۔ یہ کتاب "**علم و ادب : نئے دریچے**" کے سلسلے کا دوسرا حصہ ہے۔

۵/ اکتوبر ۲۰۲۵ء

حیدرآباد (تلنگانہ، انڈیا)

۱

مشتاق یوسفی اور شامِ شعر یاراں کا معمہ

ڈان نیوز

اردو ادب کی تاریخ میں ہم ایسے کئی نام دیکھتے ہیں، جن کی شوخ اور شگفتہ تحریریں ہمیں گدگداتی ہیں۔ شفیق الرحمن، کرنل محمد خان اور ابن انشاوہ چند نام ہیں، جن سے اردو ادب کے قارئین بخوبی واقف ہیں، لیکن عہد حاضر کا ایک مزاح نگار ایسا ہے جس کی شہرت صرف پاکستان تک محدود نہیں بلکہ دنیا میں جہاں بھی اردو بولی اور لکھی جاتی ہے، وہاں ان کا نام شناسا ہے۔ یہ ہمارے عہد حاضر کے معروف مزاح نگار مشتاق احمد یوسفی ہیں۔ ان کی چار کتابیں چراغ تلے، خاکم بدہن، زرگزشت، اور آبِ گم بے حد مقبول ہیں۔ حیرت انگیز بات یہ ہے کہ حال ہی میں ایک کتاب "شامِ شعر یاراں" شائع ہوئی، جس کو مشتاق احمد یوسفی کی پانچویں کتاب کہا گیا۔ اس بارے میں متضاد اور کسی حد تک منفی آرا سامنے آئیں۔

مثال کے طور پر برطانوی نشریاتی ادارے "بی بی سی اردو سروس" کے تبصرہ نگار ظفر سید کے مطابق "کتاب کیا ہے، طرح طرح کی الم غلم تحریریں جمع کر کے بھان متی کا کنبہ جوڑ رکھا ہے۔ اگر کالموں کے کسی مجموعے کی تقریب رونمائی میں تقریر کی ہے، تو اسے بھی کتاب کی زینت بنا دیا ہے۔ کسی مرحوم کی یاد میں تاثرات پیش کیے، تو کتاب میں درج

کرڈالے، سالانہ مجلس سادات امروہہ میں اظہار خیال کیا تو لگے ہاتھوں اسے بھی شامل کر دیا اور پھر تکرار ایسی کہ خدا کی پناہ۔"

ڈان اخبار کے "بکس اینڈ آتھرز" میں حمیر اشتیاق نے بھی اس کتاب پر تبصرہ کرتے ہوئے کہا "یوسفی ہونا کافی نہیں ہے۔" انہوں نے اس کتاب پر بات کرتے ہوئے مشتاق احمد یوسفی کو نپولین بونا پارٹ کے مشہور مقولے کے تناظر میں بیان کرتے ہوئے کہا "مشتاق احمد یوسفی ہر مرتبہ دیکھتے اور فتح کر لیتے ہیں، لیکن کیا اس کتاب کے بعد بھی وہ فاتح رہے؟ جواب ہے نہیں۔ مشتاق احمد یوسفی کا ادبی سفر ان کی چوتھی کتاب "آب گم" پر ختم ہو جاتا ہے اور یہ کیا عمدہ سفر ہے، یہ بہت ہی عمدہ سفر ہے۔"

اس موقع پر اگر دیکھا جائے کہ یوسفی صاحب کا اپنی تحریروں کے حوالے سے کیا رویہ رہا ہے، تو ہم یہ پائیں گے کہ ان کے ہاں اپنی تحریروں کو چھپوانے کی عجلت نہیں ہے۔ ان کے بارے میں ایک بات مشہور ہے جو وہ اکثر مواقع پر خود بھی کہا کرتے، کہ "مسودے کو لکھنے کے بعد کچھ عرصہ کے لیے رکھ دو اور پھر دوبارہ پڑھ کر دیکھو۔ اس کے بعد اگر چھپنے کے قابل ہے تو شائع کرواؤ۔" یہی برتاؤ اپنی تحریروں کے ساتھ کیا، اسی لیے ان کی آخری کتاب پچیس برس پہلے اشاعت پذیر ہوئی تھی۔

اب سوال یہ پیدا ہوتا ہے، یوسفی صاحب کے نام پر جو کتاب "شام شعر یاراں" شائع کی گئی ہے، وہ تو اس معیار پر پوری نہیں اترتی جس پر یوسفی صاحب کی دیگر چار کتابیں تخلیق ہوئی ہیں۔ پھر یہ سوال بھی ذہن میں گردش کرتا ہے کہ اگر پرانی تحریروں کو ہی جمع کر کے شائع کرنا تھا، تو اس کے لیے پچیس برس کا انتظار کیوں؟ "شام شعر یاراں" کو پڑھنے کے بعد ان قارئین کے ذہن میں ایسے کئی اور سوالات پیدا ہوئے ہیں۔

یوسفی صاحب کی اس کتاب کو آرٹس کونسل آف پاکستان، کراچی کے تعاون سے

جہانگیر بکس لاہور نے شائع کیا۔ کراچی آرٹس کونسل کے سیکرٹری سید احمد شاہ اور انجمن ترقی اردو کی سیکرٹری فاطمہ حسن نے نہ صرف اس کتاب کو شائع کروانے کا اہتمام کیا، بلکہ تمام معاملات اپنی نگرانی میں مکمل کروائے۔ اس بات کا اعتراف انہوں نے ساتویں عالمی اردو کانفرنس میں اس کی تقریب رونمائی میں کیا تھا۔ یہ کتاب شائع ہو چکی ہے اور ابھی تک آنے والا ردِ عمل کچھ اچھا نہیں ہے۔ ایسا کیسے اور کیوں ہوا؟

ایک جواب تو یہ ہے کہ اس کتاب کی اشاعت میں ایک بہت بنیادی علمی غلطی ہے۔ وہ یہ کہ مصنف کی تقریروں کو جمع کرنے کے بعد مرتب کی گئی کتاب کو مصنف کی تازہ تصنیف کے طور پر پیش کر دیا گیا۔ اس کتاب میں زیادہ تر وہ تقریریں ہیں، جو انہوں نے مختلف مواقع پر کیں۔ ان تقریروں یا تحریروں کو جنہیں اس کتاب کا حصہ بنایا گیا، مشتاق احمد یوسفی نے اتنا معیاری نہیں سمجھا تھا کہ وہ شائع ہو سکیں، لیکن کراچی آرٹس کونسل کی انتظامیہ کو نہ جانے بیٹھے بٹھائے کیا سوجھی کہ انہوں نے یوسفی صاحب کے اہلِ خانہ کی مدد سے ان کی اسٹڈی ٹیبل کے ڈسٹ بن کو کھنگال کر ایک کتاب بنا ڈالی۔ نہ اُن کی مرضی جانی اور نہ ہی ان کے اشاعت والے مقولے کو ذہن میں رکھا۔ اس کتاب کی اشاعت کے بعد فائدہ تو بہت سارے لوگوں کا ہوا، مگر نقصان میں صرف یوسفی صاحب رہے۔ ان کی پوری زندگی کی ساکھ ان لوگوں نے داؤ پر لگا دی۔

یہ بھی ہو سکتا ہے، آپ کے ذہن میں یہ سوال بھی آئے کہ اگر یہ کتاب یوسفی صاحب کو دھوکہ دے کر چھاپی گئی ہے تو پھر یوسفی صاحب نے کوئی قانونی چارہ جوئی کیوں نہیں کی یا وہ اس کی تقریب رونمائی میں کیوں نہیں کچھ بولے؟ تو اس کا جواب بہت سادہ ہے۔ یوسفی صاحب اس تقریب میں کتاب پر کیا وہ ویسے ہی کچھ بھی نہیں بولے۔ ان کی طرف سے کتاب کی اشاعت کے متعلق تمام باتیں سید احمد شاہ اور فاطمہ حسن نے کہیں۔

یوسفی صاحب اب عمر کے اس حصے میں ہیں، جہاں قوت مدافعت ساتھ نہیں دیتی۔ یہ معمہ کبھی نہ سلجھتا، اگر اس تقریب سے چند دن پہلے یوسفی صاحب سے میری ملاقات نہ ہوتی اور محفل کا موضوع یہ کتاب نہ ہوتی۔ اس ملاقات میں ہونے والی گفتگو کی آڈیو ریکارڈنگ بھی سنی جاسکتی ہے۔

چھ یار دوستوں نے اس ادبی ڈاکے پر پردہ ڈالنے کی نیت سے یہ خبر بھی اڑائی کہ "یوسفی صاحب کو بھولنے کی بیماری ہوگئی ہے، ان کو بہت ساری باتیں یاد نہیں رہتیں۔" میں نے تو اس ملاقات میں ایسا کچھ محسوس نہیں کیا، اس محفل کی گفتگو میں نہ صرف وہ چاق وچوبند اور ہشاش بشاش تھے، بلکہ کلاسیکی شعرا کی شاعری پر بھی پرمغز گفتگو کر رہے تھے۔ اور اگر یہ بات مان بھی لی جائے کہ ان کی یادداشت اب ساتھ نہیں دے رہی، تو اخلاقی لحاظ سے تو یہ اور شرمناک بات ہے کہ اس شخص کے نام سے ایک کتاب شائع کردی جائے، جس نے وہ کتاب لکھی نہیں۔ اصولی طور پر تو جس نے اس کتاب کو مرتب کیا، اس کا نام دیا جاتا اور یہ بتایا جاتا کہ یہ تحریریں یوسفی صاحب کی اتنی پرانی تحریریں ہیں، تو شاید کچھ بات بن جاتی۔ لیکن خوشامد اور مفاد پرستی کی ریوڑیاں بانٹنے والے یہ کیا جانیں۔

اردو ادب میں یوسفی صاحب کا بڑا مقام ہے۔ ایک مداح ہونے کے ناطے مجھے بھی ان کی نئی کتاب کے بارے میں اضطراب تھا۔ میں نے ملاقات میں اسی تجسس میں ان سے پوچھا'سنا ہے آپ کی نئی کتاب آرہی ہے، جس کی بہت جلد تقریب بھی منعقد ہوگی۔' اس کا جواب یوسفی صاحب نے کچھ یوں دیا۔ "ہاں، میں نے بھی سنا ہے کہ اس کتاب کے حوالے سے کوئی تقریب ہورہی ہے، مگر میں اس میں جاؤں گا نہیں، اگر چلا بھی گیا تو کچھ بولوں گا نہیں، کیونکہ جاؤ تو پھر کہتے ہیں، صاحب کچھ بولیں بھی۔ اب کہیں جانے کو جی

نہیں چاہتا، لیٹے لیٹے مزا آنے لگے تو سمجھو بڑھاپا آگیا۔"

اضطراب کے مارے میں نے ایک اور سوال پوچھا "آپ نے اس کتاب کا مسودہ دیکھا؟ تو انہوں نے جواب دیا۔ "نہیں، میں نے نہیں دیکھا، مجھ سے کسی نے مشورہ نہیں کیا۔" پھر میں نے پوچھا، تو یہ کتاب کیسے تخلیق ہوئی؟ تو یوسفی صاحب کہنے لگے۔ "پندرہ بیس سال پہلے کے پرانے مضامین بکھرے پڑے تھے، وہ انہوں نے بچوں سے لے کر شائع کر دیے ہوں گے۔"

اب اس کے بعد کسی بات کی گنجائش نہیں رہ جاتی کہ "شام شعر یاراں" مشتاق احمد یوسفی کی کتاب نہیں ہے، بلکہ ان کی تحریروں (وہ تحریریں جنہیں انہوں نے پچیس برس کے عرصے میں چھپوانے کے قابل نہیں سمجھا) پر مشتمل مرتب کردہ کتاب ہے۔ یوسفی صاحب کی چار کتابیں ہیں، جنہیں ان کی باقاعدہ تصنیف کہا جا سکتا ہے۔

کراچی میں قائم جہانگیر بکس کی شاخ سے رابطہ کیا گیا تو وہاں ان کے نمائندے "عثمان" نے ہم سے مختصر گفتگو کرتے ہوئے کہا کہ "اگر یہ کتاب یوسفی صاحب کے ساتھ دھوکہ دہی سے چھاپی گئی ہے، تو پھر یوسفی صاحب اس کتاب کی تقریب میں کیوں آئے اور اگر یہ کتاب ناقص متن پر مبنی ہوتی، تو اس قدر فروخت کیوں ہوتی۔" ان کے موقف سے ظاہر ہوتا ہے کہ انہیں اس بات کی کوئی پشیمانی نہیں ہے۔ یوسفی صاحب کے اعتراض نہ کرنے کی وجوہات اوپر بتا چکا ہوں اور کتاب کا زیادہ فروخت ہونے کی وجہ یوسفی صاحب کی ساکھ ہے، جس کو انہوں نے نقصان پہنچایا۔ یہی وہ اعتبار تھا، جس کی وجہ سے قارئین نے یہ کتاب خریدی۔

"شامِ شعر یاراں" سے مشتاق احمد یوسفی کی ساکھ کو جو نقصان پہنچا، اس کا ذمہ دار کون کون ہے؟ جواب اسی تحریر میں درج ہے۔ یوسفی صاحب نے تو اپنا موقف دے

دیا، مگر یہ بات بہت پریشان کن ہے کہ بزرگ مشاہیر کی خدمات کا اعتراف اس طرح کیا جاتا ہے۔ ایسے رویے ہی معاشرتی زوال کا سبب بنتے ہیں۔ یہ تو ایک ادبی ڈاکہ ہے، جس کے حقائق سامنے آ گئے، ورنہ یہاں کتنے مشاہیر ایسے ہیں، جن کے خون پسینے کی کمائی لوٹ لی گئی، مگر کسی نے ڈکار تک نہ لیا۔ یوسفی صاحب کی شان میں ہونے والی اس بے ادبی کے باوجود ہمیں اس بات کا مان ہے، ہم عہدِ یوسفی میں جیتے ہیں اور یوسفی صاحب پر ہمیں فخر ہے۔

Mushtaq Yousufi and the inside story of his latest book 'sham e shair e yaran'

***

۲

نظمیہ شاعری کا آفتاب: چندر بھان خیال

ڈاکٹر اے جے مالوی

چندر بھان خیالؔ کی نظمیہ شاعری اکیسویں صدی کی دوسری دہائی کے اس مابعد جدید یت سے نئے عہد کی تخلیقیت کے عالمی، قومی اور مقامی منظر نامہ میں غیر معمولی معنویت و اہمیت کی حامل ہے۔ اِس مابعد جدید دور میں چندر بھان خیالؔ ایک اہم شاعر ہیں۔ جنھوں نے اپنی نظمیہ شاعری کے ذریعہ اُردو ادب میں ہو رہی تبدیلی کی آہٹ کو محسوس کرایا۔ چندر بھان خیالؔ نے جب اپنے شعری سفر کا آغاز کیا تھا، اُس وقت ترقی پسندی کا خاتمہ ہو چکا تھا اور جدیدیت دم توڑ رہی تھی۔ ایسے حالات اور ماحول میں انھوں نے اپنا راستہ خود بنایا اور ترقی پسندی اور جدیدیت کے بندھے ٹکے نظریے سے انحراف کرتے ہوئے اپنی آزادئ فکر و نظر کے ذریعہ اپنی نظمیہ شاعری کی ابتدا کی۔ چندر بھان خیالؔ کی نظمیہ شاعری میں مابعد جدیدیت سے نئے عہد کی تخلیقیت کا عنصر غالب ہے۔ اس ضمن میں پروفیسر گوپی چند نارنگ اپنے ایک انٹرویو میں معنی خیز اور فکر انگیز خیالات کا اظہار کرتے ہوئے فرماتے ہیں:

"بدلتی ہوئی ادبی فضا کا اثر سب پر ہے۔ جس طرح جدیدیت نے نئے تو نئے، پُرانے ترقی پسندوں کو بھی بالواسطہ طور پر متاثر کیا تھا، اسی طرح میرا خیال ہے کہ اس وقت سینئر

جدید شعرا بھی (جو ہنوز فعال ہیں) مابعد جدید فکر کا اثر قبول کر رہے ہیں۔ بعد کی شاعری کا تو مزاج ہی الگ ہوتا چلا گیا۔ ادھر بیس برسوں میں شاعری کی دُنیا خاصی بدل گئی ہے۔ اب نرے اشکال پر زور نہیں۔ ابلاغ کی آڑ میں جس مہملیت اور غیر ضروری داخلیت پر توجہ تھی وہ بھی رد ہوتی چلی گئی ہے۔ اب نظر ترسیل پر اور قاری سے جڑنے کے عمل پر ہے۔ براہ راست انداز بیان کا تو سوال پیدا نہیں ہوتا، البتہ ایمائیت اور رمزیت پر توجہ بڑھی ہے اور نئی شاعری ایک ایسی دھرتی اور کھلے آسمان کے نیچے آگئی ہے جہاں اشیا یاس زدہ اور بجھی بجھی نہیں۔ ان لکھنے والوں میں صلاح الدین پرویز، عنبر بہرائچی، ستیہ پال آنند، لقمان شوق، ذی شان ساحل، نصیر احمد ناصر، علی احمد فرشی کو پڑھئے اور بیس برس پہلے کی شاعری کو پڑھئے، فرق صاف نظر آئے گا کہ پوری فضا بدل گئی ہے۔ فقط یہی لوگ نہیں، اور بھی بہت سے ہیں جہاں رویوں کا فرق نمایاں ہے۔ شین۔ کاف۔ نظام، شاہد کلیم، پرت پال سنگھ بیتاب، عبدالاحد ساز، رؤف خیر، چندر بھان خیالؔ، عزیز پریہار، جینت پرمار، حیدر قریشی، سلیم آغا قزلباش، ابرار احمد، شکیل اعظمی، سلیم انصاری اور بھی کئی ہیں۔ ان کی شاعری کو دیکھیں تو یکسر بدلا ہوا منظر نامہ سامنے آئے گا جو اجنبیت، بیگانگی، لایعنیت اور شکستِ ذات کے بیس تیس برس پُرانے ایجنڈے سے کوسوں دور نظر آئے گا۔ یہ شاعری نہ نری علامیّت کا شکار ہے نہ غیر ضروری ابہام زدگی کا، اس کا جہانِ معنی، اس کی شعریات بدلی ہوئی ہے۔"

(جدیدیت کے بعد: ص ۵۶۴)

چندر بھان خیالؔ کا پہلا شعری مجموعہ "شعلوں کا شجر" ۱۹۷۹ء، دوسرا شعری مجموعہ "گمشدہ آدمی کا انتظار" ۱۹۹۷ء، 'تیسرا شعری مجموعہ "لولاک" ۲۰۰۲ء اور چوتھا شعری مجموعہ "صبح مشرق کی اذاں" ۲۰۰۸ء میں شائع ہو کر منظرِ عام پر آچکے ہیں۔ چندر

بھان خیالؔ کی نظمیہ شاعری نئے عہد کی نِت نئی اضافی تخلیقیت، نِت نئی اضافی معنویت اور نِت نئی اضافی فنّیت سے مملو و روشن ہے۔ انھوں نے عام روش سے ہٹ کر شاعری کی ہے۔ اُن کی ابتدائی دور کی نظمیہ شاعری میں باغیانہ، انقلابی، احتجاجی اور جنسی پہلو جا بجا نظر آتے ہیں مگر اُن کی شاعری کا وہ رنگ و آہنگ نظر نہیں آتا ہے جو اُس دور کے شعرا کے یہاں ملتا ہے۔ وہ ہنگامہ نہیں کرتے ہیں، نہ شور مچاتے ہیں اور نہ ہی وہ نعرہ لگاتے ہیں بلکہ نرم و نازک لہجہ اور سادہ و سلیس زبان کا استعمال بڑے ہی فنّی بصیرت کے ساتھ کیا ہے۔ جس سے نظمیہ اُن کی شاعری میں انفرادیت صاف طور پر دکھائی دیتی ہے۔ مشہور و معروف ادیب و شاعر کُمار پاشی نے چندر بھان خیالؔ کی نظمیہ شاعری کے ضمن میں اپنے عالمانہ خیالات و تاثرات کا اظہار کرتے ہوئے لکھا ہے:

"صاف لگتا ہے کہ خیالؔ جلوس میں قدم سے قدم ملا کر چلنے کے عادی نہیں ہیں۔ انھیں تنہا چلنا زیادہ عزیز ہے لیکن ان کے بارے میں یہ کہنا قبل از وقت ہو گا کہ انھوں نے بنے بنائے راستوں سے الگ اپنے لیے کوئی مخصوص راہ دریافت کر لی ہے۔ ظاہر ہے اُس کے لیے ایک طویل مدّت کی تخلیقی ریاضت درکار ہے لیکن جس لگن کے سارھ انھوں نے اپنا شعری سفر شروع کیا ہے وہ لگن بھی کم لوگوں کو میسّر آتی ہے۔"

(شعلوں کا شجر: ص ۱۲)

چندر بھان خیالؔ کی ابتدائی دور کی نظموں میں "تنہا شجر"، "شہر اور میں"، "نئی روشنی نئے خواب"، "سمندر کا سکوت"، گناہوں کے ٹیلے پر"، "نیوٹرن کا داخلہ"، "ایک دن کی زندگی"، "اور وہ آج بھی"، "صدمہ"، "اندھے چاند کی پیدائش"، "پھیلی جو صبح"، "خاموشی کا درد"، "وقت کی آنکھیں"، "شہر تاریک"، "عذاب در عذاب"، "اب نہیں تم تو"، "جسم کے صحراؤں میں"، "جسم کی جوالا"، "بتّیاں گُل نہ

کرو"، "اگر قریب سے دیکھو"، "آنچ کا بستر"، "قطرہ قطرہ احساس"، "آج پھر درد اُٹھا"، "ڈریگن کے پروں میں"، "کوششِ رائگاں"، "شکستِ ساز تمنّا"، "آوارہ گرد لمحے"، "خواہشوں کے آس پاس"، "شورِ شبستاں"، "نیند کے تعاقب میں"، "فرار"، "مداوا" اور "مستقبل" قابلِ ذکر و فکر ہیں۔ جس میں اُن کی ذہنیت اور فنّیت منوّر، مملو و روشن ہے۔اُن کی نظم "نیوٹرون کا داخلہ" ایک کامیاب ترین نظم ہے۔اس نظم میں نیوٹرون کے زلزلہ پیماں کی تصویر اور تبدیلی کی آہٹ کو خیالؔ نے محسوس کیا ہے اور اپنے خیالات، تجربات، مشاہدات اور محسوسات کو انھوں نے نظمیہ اشعار کے پیکر میں ڈھال کر بہت ہی فنّی حسن و جمال کے ساتھ پیش کیا ہے۔ جس میں مابعد جدیدیت کا عنصر خاص طور پر نمایاں نظر آتا ہے اور جس سے چندر بھان خیالؔ کی شعری انفرادیت کی معنویت و اہمیت کا اندازہ بخوبی لگایا جا سکتا ہے۔"نیوٹرون کا داخلہ" کے چند نظمیہ اشعار خاطر نشیں ہو:

آسماں بے خواب تاروں کی نگاہیں نیم خواب
بستیاں احساس کی بیدار لیکن پُر عذاب
رات کی اُکھڑی ہوئی سانسوں سے اُٹھتا دھواں
یہ دھواں جو پھیل کر نیوٹرون بنتا جائے گا
اور تہذیبیں نکل جاتی ہیں جنگل کی طرف
دیکھتی ہے زندگی یوں اپنے آنچل کی طرف
ریگزاروں میں کسی سوکھی ندی کو جس طرح
پیاس کی ماری ہوئی ہرنی نہارے دم بہ دم
خاک ہو جاتے ہیں فن اور علم کے سارے بھرم

عقل کی دیوی طوائف بن کے جب رکھے قدم
چاٹتا ہے خون اپنی ہی رگوں کا ہر وہ ذہن
شاطرانہ آگ کی گرمی جسے راس آگئی
ہاتھ میں نیوٹرون بم لے کے سرِ بازار
گر ہلاکو کی طرح بن گئے خونخوار ہم
شہرِ مستقبل بھیانک غار میں چھُپ جائے گا
اور زمیں کے سب نظارے بے کشش ہو جائیں گے
مندروں میں گھنٹیاں اور مسجدوں میں جانماز
بھاگتے لمحوں سے پوچھیں گے زباں بندی کا راز
پھر نہ تقریریں نہ تحریریں نہ تقدیریں کہیں
صرف خاموشی کے منظر اور جمودِ جاں گسل

اکیسویں صدی کے اس مابعد جدید دور میں چندر بھان خیالؔ کی نظمیہ شاعری میں ہمیں مابعد جدیدیت سے نئے عہد کی تخلیقیت تک کا فنّی اسلوب نظر آتا ہے۔ اُن کے شعری آئینہ خانے میں ہمیں تیزی سے بدلتا ہوا شعری و ادبی تخلیقیت افروز منظر نامہ، عالمی، قومی اور مقامی علاقائی تہذیب و ثقافت کا شدید احساس، جاگیر دارانہ عہد کے وضع کردہ ادبی اور جمالیاتی پیمانوں سے انکار، ہندوستانی ثقافت کے مشترکہ عناصر و اقدار، غیر مشروط روحانیت، بے مرکزیت، تکثیریت، رنگا رنگی، بوقلمونی، کثیر المعنویت اور حقیقی آزادئ فکر و نظر ملتی ہے۔ چندر بھان خیالؔ کی نظمیہ شاعری کی اہمیت و افادیت کی بابت فکر انگیز، فکر آلود اور معنی خیز خیالات کا اظہار نظام صدیقی اپنے مضمون "چندر بھان خیالؔ کا شاہنامۂ محمدؐ" میں فرماتے ہیں:

"لولاک چندر بھان خیالؔ کا نہ صرف شاہنامۂ محمدؐ ہے بلکہ وہ چندر بھان خیالؔ کی حقیقی انسانی شخصیت اور ارتفاعی فکر و فن کا جمالیاتی اور اقداری آئینہ کا نہ بھی ہے۔ "لا آدمی" کی نقابوں کی دُنیا میں "شعلوں کا شجر" چندر بھان خیالؔ کو اپنے بیکراں ذہنی، قلبی اور روحانی اضطراب کے باعث اس "گمشدہ آدمی کا انتظار" تھا جو آدمی انسان کی ارتفاعی، وجودی اور عرفانی منزل سے گزر کر از سرِ نو سچّا کھڑا آدمی ہو گیا ہے۔۔۔۔۔۔۔۔۔۔۔۔۔

چندر بھان خیالؔ کا شاہنامۂ محمدؐ "لولاک" مسعود نشاط آگہی، مسعود سعادت کُل اور مسعود انبساطِ جاں سے لبریز ہے۔ انھوں نے اپنی غیر معمولی تخلیقی حسیت، تخلیقی بصیرت اور الوہی اور قدسی عشق و آگہی کے شعری وظیفہ سے انسانی ذوق، ذہن اور شعور و آگہی کو حقیقی شستگی، قلبی و روحانی تہذیب، تطہیر اور تنویر عطا کی ہے۔ وہ دھرتی کے نمک ہیں، اُن کی حقیقی نمکینی (انسانیت) زندہ، تابندہ اور پائندہ ہے۔ اُن کا درخشندہ نام و کام سیلِ رواں پر انسانی دستخط کے مترادف نہیں ہے کہ ثبت بھی نہیں ہوتا اور یک ثانیہ میں مٹ جاتا ہے۔ یہ تو ابدیت کے صفحہ پر خدا کے دستخط کے مانند ہمیشہ قائم و دائم رہے گا۔"

(لولاک نمبر 'لمحے لمحے': ص ۱۵۹ و ۱۷۰)

چندر بھان خیال کی طویل نظمیہ تخلیق "لولاک" اُردو ادب کا ایک شاہکار کا درجہ رکھتی ہے۔ شاعر نے اس طویل اور مسلسل نظم میں سیرت کے تمام پہلوؤں کا تفصیلی خاکہ پیش کرنے کی بھرپور طور پر کوشش کی ہے اور اُس میں وہ کامیاب بھی نظر آتے ہیں۔ اس طویل نظمیہ تخلیق میں چندر بھان خیال کی فکری گہرائی، گیرائی اور اونچائی کا بخوبی اندازہ لگایا جا سکتا ہے۔ اُن کی اس غیر معمولی نظمیہ شاعری میں ہمیں منفرد لب و لہجہ، منفرد رنگ و آہنگ، منفرد غور و فکر اور بے پناہ شدتِ حسیات و تصورات کی جھلک صاف طور پر دکھائی دیتی ہے۔ اُن کی شاعری کا سب سے بڑا فنّی حسن و جمال یہ ہے کہ وہ

کسی بندھے ٹکے نظریے، رجحان اور فکر کے اسیر نہیں ہیں بلکہ وہ سوچتے ہوئے دماغ، دیکھتی ہوئی آنکھوں اور محسوس کرتے ہوئے دل سے اپنے وجدانی تجربات کو نہایت شاعرانہ انداز میں منکشف کرتے ہیں۔

چندر بھان خیال کی نظمیہ تخلیق "لولاک" اکیسویں صدی کے اس مابعد جدید دور میں نئی تخلیقیت افروز وجودیاتی اور عرفانیاتی معنویت اور وقعت کی امین ہے۔ اس میں حضرت محمد مصطفی ﷺ کی حیات مبارکہ کے اہم سوانحی، تواریخی، اخلاقی اور روحانی حقائق کا بیان شاعر نے نہایت ہی والہانہ محسوسات و تصورات کے ساتھ نِت نئے اور انوکھے نظمیہ پیرائے میں بڑے ہی فنّی لطافتوں کے ساتھ ادا کیا ہے۔ جس میں حضرت محمد مصطفی ﷺ کی شخصیت، فکری اور پیغام کی روح کو بھرپور طریقے سے شاعر نے منکشف کیا ہے۔ اس نظمیہ تخلیق کو شاعر نے چھ حصّوں میں منقسم کیا ہے۔ نظم کی ابتدا رسول اللہ کی ولادت با سعادت سے قبل کے واقعات و حالات سے ہوتی ہے۔ بعد ازاں ولادت، نبوت، ہجرت، جہاد اور نصرت کا بیان نِت نئے اور انوکھے نظمیہ رنگ و آہنگ میں بڑے ہی پُر کیف اور دلکش انداز میں بیان کیا ہے۔ حضرت محمد مصطفی ﷺ کے جہاد کا مقصد عہدِ حاضر کے جہاد سے نہیں ہے۔ جہاد کے جس مفہوم کو آج کے اس دور میں بیان کیا جاتا ہے وہ بے معنی، بے بُنیاد، غلط اور نئی نسل کے لوگوں کے لئے گمراہ کُن ہے۔ نبی کا جہاد اقوام کی فلاح اور بہبود کے لیے تھا۔ جس پر عمل کر کے انسان برائیوں سے پاک اور ایک بہتر انسان بن سکتا ہے۔ جہاد کا مقصد نفرت اور برائیوں کو دور کرنا اور انسانی فلاح و بہبود کے لیے ہوتا ہے۔ رسول کے جہاد کا مقصد پوری کائنات میں امن و امان، دوستی، محبت، اخوت، انصاف، کردار و اعمال کی تابانی اور آپسی بھائی چارے کو فروغ دینا تھا تاکہ پوی کائنات میں قوم دین و ایمان کے راستے پر چلے اور انسانیت کا پرچم لہرا

سکے۔ چندر بھان خیال نے حضرت محمد مصطفی ﷺ کے جہاد کے مقصد کو بڑی وضاحت کے ساتھ نظمیہ پیکر میں ڈھال کر ہمارے سامنے پیش کیا ہے۔ اس ضمن میں "لولاک" کے نظمیہ اشعار جہاد کے حوالے سے خاطر نشیں ہو:

صحبتوں کے اجالے راس نہیں ظلمت کو کسی بھی صورت میں
تاریک شبوں کو ملتا ہے آرام جنوں کی صحبت میں
زنداں کی نحوست میں لپٹا ہر فتنہ اُبھرنے کی خاطر
پُرامن فضا کے چہرے پر الزام اُگلنے لگتا ہے
بیمار بدن سنّاٹے میں شیطان اُچھلنے لگتا ہے
نیکی کو جلانے کی دھن میں خود آگ پہ چلنے لگتا ہے
زہریلا دُھواں منظر منظر اُٹھ اُٹھ کے تھرکتا ہے اور پھر
احساس ستانے لگتا ہے باطل کو شکستہ پائی کا
دہشت کو جسے ایماں کی طرح کچھ لوگ سروں پر دھرتے ہیں
انجام سے بے پرواہو کر دم اوجِ انا کا بھرتے ہیں
تخلیق کے روشن محلوں میں وحشت کا دھواں بھر دیتی ہے
آدابِ عمل سے ناواقف افراد کی یہ دہشت گردی
اس جنگ و جہاد کا مقصد ہے باطل کی مکمّل پسپائی
گمراہ بشر کی راہبری، حق راہ کی ہمّت افزائی
بے دین کی دہشت گردی سے اُکتائے ہوئے دیں داروں کو
امن اور اماں کے سائے میں تبلیغ و سفر کی آزادی
اللہ کی دھرتی پر سب کو جینے کے ہُنر کو آزادی

انسان کو ظاہر و باطن میں پروازِ نظر کی آزادی
زندانِ جہالت مین سمٹے اذہان کو آنکھوں کی نعمت
اور وقت کے جامد صحرا کو تحریکِ حقیقت مل جائے
اس جنگ و جہاد کا مقصد ہے توحید کو رفعت مل جائے
بے ہودا رواجوں کی حامل آواز کو عبرت مل جائے
صبحوں کا مقدس اُجلا پن، شاموں کی مبارک شوخ ادا
بیمار عقیدوں کی زد سے محفوظ رہے موسم موسم
اس جنگ و جہاد کا مقصد ہے انصاف کے گیسو لہرائیں
ہر فرد کی سانسوں کو رب کے پیغام خوشی سے مہکائیں
تفریق و تنفّر کی لعنت اور بارِ مظالم دنیا کو
اب اور نہ بانٹ کے رکھ پائے سود اور زیاں کے خانوں میں
اس جنگ و جہاد کا مقصد ہے کردار و عمل کی تابانی
حکمت کو راحت کا ساماں، پسماندہ گروہوں کو وقعت
محتاج کو راحت کا ساماں، پسماندہ گروہوں کو وقعت
طاقت کے نشے میں ڈوبے سبھی سلطانوں کو عبرت حاصل ہو
اس جنگ و جہاد کا مقصد ہے اسلام کی ہلچل بڑھ جائے
وحدت کے اُجالے میں ہر سو ایّام کی ہلچل بڑھ جائے
مغرور تجارت پیشہ کی منحوس سیاست سے عاجز
معصوم و ملائم لوگوں کو چھٹکارا ملے وحشی پن سے

"لولاک" کے آخری حصّے میں شاعر نے رسول کے انسانیت کے پیغام کو اپنے فکری

شعور و آگہی کی روشنی میں بڑے ہی فنّی لطائف کے ساتھ نظم کیا ہے۔ رسول نے امن و آشتی کا روح افزا اور برتر اعلیٰ پیغام عوام کو دیا تھا۔ رسول کا آخری پیغام پوری کائنات کے لیے معنی خیز اور فکر انگیز ہے۔ جہاں ایک طرف کفار مکّہ کے قتلِ عام کا حکم صادر ہوتا ہے تو دوسری طرف حضور عوام کو اپنا پُر مغز اور معنی خیز پیغام دیتے ہیں کہ بزرگوں کو نہ مارو، بچّوں کو نہ مارو، عورتوں کو نہ مارو، جو تمھیں دیکھ کر گھر کا دروازہ بند کر لیں تم اُن سے نظریں بچا لو۔ چندر بھان خیالؔ نے نبیؐ کے انسانیت اور امن و آشتی کے پیغام کو بڑے ہی فکر انگیز اور پُر اثر انداز میں نظمیہ رنگ و آہنگ کے ساتھ بیان کیا ہے۔ اس سلسلے میں 'لولاک" کے نظمیہ اشعار ملاحظہ فرمائیں:

رہو گے دین کے پابند دُنیا میں تو دیکھو گے
ریاکاری، فریب و مکر سے تم دور ہو کوسوں
جہاں میں صرف راہِ راست پر جاری سفر رکھنا
مری ہر بات کو تم لوگ دل سے باندھ کر رکھنا
سبھی اولادِ آدم ہیں، سبھی کا حق بھی یکساں ہے
کسی بھائی سے اس کا مال جبراً چھین مت لینا
کُشادہ دامنِ دل، صاف اور ستھری نظر رکھنا
مری ہر بات کو تم لوگ دل سے باندھ کر رکھنا
نہ گمراہی کی زد میں آکے حق سے دور ہو جانا
نہ باہم قتل و خوں کی وارداتوں میں الجھنا تم
صداقت کا اُجالا ساتھ اپنے عمر بھر رکھنا
مری ہر بات کو تم لوگ دل سے باندھ کر رکھنا

یہ قرآں روشنی ہے راہ میں انسان کی، سن لو
اسی قرآں میں موجود حل سارے مسائل کا
کلامِ پاک کو ہر حال میں تم معتبر رکھنا
مری ہر بات کو تم لوگ دل سے باندھ کر رکھنا
میں انساں ہوں مجھے بھی ایک دن دُنیا سے جانا ہے
خُدا سے وصل ہی انسان کا اصلی ٹھکانا ہے
مری سنّت کا مقصد آگہی کی رہنمائی اور
تمہاری زندگی کی راہ کو آساں بنانا ہے
نبی کوئی نہ میرے بعد اب آئے گا دُنیا میں
بڑھے جانا کتاب اور میری سنّت کے سہارے تم
جدھر اللہ کی مرضی قدم اپنا اُدھر رکھنا
مری ہر بات کو تم لوگ دل سے باندھ کر رکھنا

چندر بھان خیال نے اُردو ادب میں بے شمار نظمیں تخلیق کی ہیں۔ " آہ بھوپال " ،"نذرِ آتش "، "سیاستوں کی حقیقت "، " دیکھو تم پچھتاؤ گے "، "برے دن آئے "، "کل نہ جانے کیا ہوگا"، "کل ملا کر موت کا انتظار"، " سردیوں کی دھوپ میں "، "اُس کے شہر میں "، " میٹھی موت کا رقص"، " تپتی دوپہر جنگل کی "، "وجود سے لپٹا ہوا سانپ"، "وقت آپس میں الجھنے کا نہیں"، "جنگ "، "گمشدہ آدمی کا انتظار"، " صبحِ مشرق کی اذاں"، " نئی صبح"، "طغیانی"، "تیسری دُنیا کا درد"، "پھر خاموشی کیسی "، "شہر میں "، تماشا"، "سازش "، "المیہ " اور " دھماکہ " وغیرہ اُن کی کامیاب ترین نظمیں ہیں۔ جس میں زندگی ہے موت نہیں ہے۔ انھوں نے اپنے آس پاس کے ماحول اور زندگی کی تلخ حقیقتوں اور

سچّائیوں سے آنکھیں نہیں چرائی ہیں بلکہ انھوں نے اپنی فکری اور فنّی شعور و آگہی کی روشنی سے اُس کو موتی کی لڑیوں میں پرو کر اپنی نظمیہ شاعری کا موضوع بنایا ہے۔ دسمبر ۱۹۸۴ء کے گیس المیہ سے متاثر ہو کر چندر بھان خیال نے نظم "آہ! بھوپال" کی تخلیق کی۔ اس نظم کے چند بند خاطر نشان ہو:

شہر بھوپال میں جس طرح قیامت آئی
بڑھ گیا اور بھی احساس شکستہ پائی
تجربہ ہے کہ حلاوت کی تمناؤں میں ہم
جو بھی ہاتھ آئے اسے زہر بنا لیتے ہیں
جس نے بچّوں کے سہاروں کا گلا گھونٹ دیا
سیکڑوں چاند ستاروں کا گلا گھونٹ دیا
اب تو معماروں سے مایوس ہوا جاتا ہے
لاش در لاش بھٹکتا ہوا مستقبل
جو محافظ ہے حقیقت میں ہے وہ قاتل بھی
یہ بیاں ہو تو لرزتا ہے قلم کا دل بھی
ایسی تہذیب سے جنگل ہی بھلے ہیں کہ جہاں
اصل چہروں میں درندوں سے ملاقات رہے

چندر بھان خیال ایک حسّاس دل کے مالک ہیں۔ جن کے سینے میں دل ہے اور اس دل میں ماں کی میٹھی میٹھی لوریاں، گاؤں کے چھوٹنے کا درد، اپنوں سے بچھڑنے کا غم اور گاؤں کی سوندھی سوندھی مٹّی کی خوشبو موجود ہے۔ جس سے اُن کی نظمیہ شاعری کا رنگ دوبالا ہو گیا ہے۔ انھوں نے بڑے ہی فنّی حسن و جمال کے ساتھ شعری پیکر میں ڈھال کر

عوام کے سامنے پیش کر دیا ہے۔ اس ضمن میں اُن کی مشہورِ زمانہ نظم "گاؤں کیا چھوٹا ہمارا......" کے چند بند پیش کئے جاسکتے ہیں:

شکل آئینے میں دیکھی اور خود سے ڈر گئے
اشک آنکھوں میں نہ جانے کیوں اچانک بھر گئے
سیکڑوں صدمے دلوں پر چوٹ لاکھوں کر گئے
گاؤں کیا چھوٹا ہمارا، ہم تو یارو مر گئے

جی رہے ہیں تنگ و تیرہ راہ پر چلتے ہوئے
چند سوکھی روٹیوں کی آس پر پلتے ہوئے
اور مہنگی موٹروں کو دیکھ کر جلتے ہوئے
گاؤں کیا چھوٹا ہمارا ہم تو یارو مر گئے

یاد آتی ہیں ہمیں وہ میٹھی میٹھی لوریا
وہ کسانوں کی کنواری بیٹیاں، وہ گوریاں
سیٹھ کے باغوں سے کچّے سنتروں کی چوریاں
گاؤں کیا چھوٹا ہمارا، ہم تو یارو مر گئے

چندر بھان خیال ؔ کی ذاتی زندگی پر نظر دوڑائی جائے تو اس بات کا پتہ چلتا ہے کہ اُن کی ذاتی زندگی ہولناک درد و غم کے آنسوؤں سے لبریز ہے۔ دِل میں اتنے زخم ہیں کہ بیان نہیں کئے جاسکتے ہیں لیکن اپنی نظمیہ شاعری کے ذریعہ زندگی میں ہونے والے واردات وحادثات، دِل کے درد و کرب اور رنج و غم کو بڑے ہی فنّیت اور حسنیت کے ساتھ پیش کیا ہے۔ چندر بھان خیال ؔ کا سب سے بڑا وصف وکمال یہ بھی ہے کہ وہ اپنی نظمیہ تخلیقیت کے ذریعہ قاری کو اپنے درد و غم اور رنج والم میں شریک کرتے ہیں اور اُن کو اپنی

زندگی کا حصّہ بناتے ہیں۔ چندر بھان خیالؔ کے والدین ۱۵ فروری ۲۰۰۲ء کو صبح رسوئی گیس کا سلنڈر گھر میں اچانک پھٹنے کی وجہ سے بہت بری طرح سے جھلس گئے اور اُسی دن شب کو بھوپال کے ایک نجی اسپتال میں اُن کی ۷۶ سالہ ماں کا انتقال ہو گیا اور اُسی کے چھ گھنٹے بعد ۸۲ سالہ والد اس جہان فانی سے رخصت ہو گئے۔ ہوشنگاباد کے پاس نرمدا ندی کے جنوبی ساحل اُن کے والدین کو ایک ساتھ چِتا پر لِٹایا گیا اور اُن کے آخری رسوم ادا کیے گئے۔ اِس ہولناک منظر کو دیکھ کر چندر بھان خیالؔ کا دِل دردو غم کے عالم میں ڈوب گیا۔ چندر بھان خیالؔ کو چِتا کی آگ دیتے وقت جو اشعار وارد ہوئے تھے، اُس کو انھوں نے نظمیہ اشعار کے پیکر میں ڈھال کر ہمارے سامنے پیش کر دیا ہے۔ نظم "والدین کی چِتا کے آگے" سے چند اشعار خاطر نشیں ہو:

بڑا غمناک منظر ہے غروبِ آفتاب اے دل
لہو کا اک سمندر ہے یہ منظر پُر عذاب اے دل
ندی مغرب کی جانب جا رہی ہے سست قدموں سے
لہو کا یہ سمندر جس کی عبرت ناک منزل ہے
اداسی امر کنٹک سے اتری نرمدا دیکھو
بجائے نوحہ خوانی ہو گئی ہے بے نوا دیکھو
چِتا کی آگ کے آگے کھڑا میں موم سا پگھلوں
مرے آگے پگھلتا ہے کئی یادوں کا وندھیاچل
مجھے معلوم ہے کیا کیا گزرتی ہے غریبوں پر
زمانہ ظلم کیسے توڑتا ہے بد نصیبوں پر
مگر اب کیوں بتاؤں میں چِتا کی آگ کے آگے

مجھے بس یاد ہے اک بات وہ جو ماں بتاتی تھی
میری ماں روز ہی اک وقت جب چولہا جلاتی تھی
سلگتی آگ چولہے کی دکھا کر مسکراتی تھی
یہی وہ آگ جس نے ہم سبھی کو زندگی دی ہے
یہی وہ آگ ہے جو ایک دن ہم کو مٹا دے گی
جہنّم اور جنّت کے نظارے بھی دکھاتی ہے
محبّت اور نفرت کی گزر گاہوں پہ لاتی ہے
یہاں آغاز تا انجام کھیل اس آگ ہی کا ہے
یہی چولہے کی آگ اب لے کے آئی ہے یہاں ماں کو
نہ جانے کس گپھا میں لے کے جائے گا دھواں ماں کو
وہ میرا زخم خوردہ باپ ڈھونڈھے گا کہاں ماں کو
ندی کے اُتّری ساحل پہ مندر کے دیے روشن
سرکتے صاف پانی کے لبوں پہ جھلملا اُٹھّے

چندر بھان خیالؔ نے ہندوستانی دیومالا اور اساطیر سے اپنی نظمیہ شاعری کی داخلی فضا کی راہ ہموار کرنے کی کامیاب ترین کوشش کی ہے۔ جس سے اُن کی شاعری میں روحانیات عرفانیات، قُدسیات اور الوہیات کی جھلک نمایاں طور پر نظر آتی ہیں۔ "پریت پوجا"، "سازش، بھیڑ اور پتھر"، "کہاں جائے گا"، "تیسری دُنیا کا درد"، "جنگل کی پیاسی دُنیا میں"، "قربان گاہ"، "تپش اور لو کے موسم میں"، "شہزادہ"، "پیاسا جنگل"، "اس کی انگیا کا ناگ پاش" اور "بھگوان رام" وغیرہ نظمیں اسی سلسلے کی کڑیاں ہیں۔ جس میں دیوتا، مندر، پجاری، سمادھی، سادھو، شنکھ، دھوجا، دھوپ، نریل، پشاچ،

نشاچر، اپسرا، راکشس، ناگ، اجگر اور وش دھر جیسے الفاظ کا استعمال کر کے اپنی نظمیہ شاعری کی داخلی فضا میں جادوئی کیفیت پیدا کر دیتے ہیں۔ چندر بھان خیال کی نظم " تپش اور لُو کے موسم میں " سے نظمیہ اشعار ملاحظہ ہو:

کسی اجگر کے ٹھنڈے پیٹ میں گھسنے کی خواہش بھی
انوکھا رنگ لاتی ہے
کہ بس گھوڑوں کی ٹاپوں کی صدائیں ہی کچل جائیں
سراپا ناز کے مغرور میناروں کو پل بھر میں
لچک اور ایک پتھر میں
کہاں سے آ گئی یہ جان لینا بھی ضروری ہے
مگر یہ جان لیوا ہے
چھتوں پر بیٹھ کر کچھ منتر پڑھتا لُو بھرا موسم
کسی سادھو کی دھونی کی طرح شعلہ فگن ہو گا
سمادھی میں مگن ہو گا
کہیں اُجڑا ہوا مندر
پُرانے موسموں کی عظمتوں کی زرد لاشوں کو
اکٹھا کر رہا ہو گا
کسی دن جنگ سے لوٹیں گے سارے دیوتا آخر
سمندر بھی اگل دے گا حلاوت اپنے باطن سے
یہ لاشیں جی اُٹھیں گی پھر
نشانِ زندگی بن جائے گی

ہر اک نئی کونپل

چندر بھان خیالؔ ہندوستان کی مشترکہ گنگا جمنی تہذیب کے امین ہیں۔ وہ فرقہ پرست طاقتوں کے خلاف کھڑے نظر آتے ہیں۔ وہ چاہتے ہیں کہ ملک میں قومی یکجہتی، یگانگت، اخوت، دوستی، امن و آشتی اور بھائی چارہ قائم رہے۔ فرقہ واریت کی اُن کے یہاں کوئی جگہ نہیں ہے۔ اپنی نظمیہ شاعری کے ذریعہ فرقہ پرستی کو وہ جڑ سے اُکھاڑ پھینکنے کے لئے کوشاں رہتے ہیں۔ "زبان کھولو ذرا سنبھل کر"، "یہ نندی گرام.....ہائے رام" اور "ہاں! وے مسلمان ہیں" وغیرہ نظمیں ردّ عمل کے طور پر خیالؔ نے تخلیق کی ہے۔ اِن نظموں میں شاعر نے فرقہ پرست طاقتوں کو قرارا جواب دیا ہے۔ چاہے وہ سیاست داں ہو یا ادیب۔ وہ حقیقت اور سچّائی کا دامن ہاتھ سے نہیں چھوڑتے ہیں اور نہ اپنے سر کو جھکاتے ہیں بلکہ وہ ڈٹ کر اُس کا مقابلہ کرتے ہیں۔ وہ اپنے مخصوص انداز سے نظم کے پیرائے میں ہندوستان کی قدیم تاریخ اور انسانیت کے پیغام کو عوام کے سامنے پیش کرتے ہیں۔ "ہاں! وے مسلمان ہیں" نظم کو چندر بھان خیالؔ نے ہندی شاعر دیوی پرشاد مشر کی نظم "مسلمان" کے ردّ عمل کے طور پر تخلیق کی ہے۔ "ہاں! وے مسلمان ہیں" کے نظمیہ اشعار خاطر نشان ہیں:

ہاں! وے مسلمان تھے
ٹھیک کہتے ہو
وہ آسمان سے نہیں اُترے تھے
لیکن آسمانی دھوپ لے کر آئے تھے
وے مساوات، مساوات چلاتے آئے تھے
وے یقیناً یہیں کہیں دور سے آئے تھے

اور آریوں کی طرح آئے تھے
فرق بس اتنا تھا
آریوں نے کھدیڑا تھا اناریوں کو
وندھیاچل کے اس پار تک
جو بچے رہ گئے تھے وہ سیوک بنائے گئے
یعنی بھنگی، چمار، نائی، دھوبی وغیرہ وغیرہ
لیکن وے مسلمان تھے
اہلِ قران تھے...............
مسلمان نہ ہوتے تو
قبیلوں، ورنوں، طبقوں اور جاتیوں کے
جنگل میں
تنفر کی آگ لگی ہوتی
جنگل جل چکا ہوتا
پھر آرکشن کی دھوپ میں کیسے سینکتے
آرکشن کا وروودھ کون کرتا
جمہوریت کی مینا کہاں چہچہاتی
سمتا، سنتولن، سماج سُدھار شبد کوش میں دھرے رہتے
اینٹ پتھر کی عمارت کوئی بھی بنا سکتا ہے
شہر بستے ہی رہتے ہیں
وے نہ ہوتے تو بہت کچھ نہ ہوتا

وے ہیں تو دقّت کیا ہے؟

وے مسلمان ہیں.............

ہاں !وے مسلمان ہیں

دو سو برس سے زیادہ انگریزوں سے لڑتے رہے

انھوں نے پاکستان بنایا

وے پاکستان کے خلاف جنگ میں شہید ہوئے

وے مسلمان ہیں

ان کے پُرکھوں کی ہڈیاں یہیں دفن ہیں

وے کہیں سے نہیں آئے

وے کہیں نہیں گئے...............

وے کہیں نہیں جائیں گے

وے پاکستان سمیت پھر آئیں گے

کیوں کہ وے مسلمان ہیں

وے اہلِ ہندوستان ہیں

خیالؔ نے ہندوستان کے سیاسی اور ادبی شخصیات کے علاوہ صوفیائے کرام پر بھی بے شمار نظمیں تخلیق کی ہیں۔ انھوں نے اپنی نظمیہ شاعری کے ذریعہ اُن کے جاہ و جلال، اُن کی عظمت اور شخصیت پر روشنی ڈالی ہے۔ "ہم نہرو کی سنتان"، "ایک نامِ معتبر---اندرا گاندھی"، "سرتاجِ شہیداں"، "دیش کی طاقت ---اندرا گاندھی"، "داغِ فراقؔ"، "امن کی دیوی کا قتل"، "قتل پھر گاندھی ہوا"، "اُداس لمحوں کا شاداب شاعر"، "غریب نواز خواجہ اجمیری..."، "میاں نواز شریف کے نام"، "اُستاد ذوقؔ کے

مزار پر"، "نظم۔۔۔ مخمور سعیدی کے لیے"، "نیک دل انسان"، "ایک نظم کمار پاشی کی یاد میں" اور "اُردو اور گوپی چند نارنگ" وغیرہ چندر بھان خیالؔ کی اہم اور کامیاب ترین نظمیں ہیں۔ "اُردو اور گوپی چند نارنگ" نظم میں چندر بھان خیالؔ نے اپنے دلی جذبات ،احساسات و تجربات اور مشاہدات کو بہت ہی فنّی حسن و جمال اور فنّی لطائف کے ساتھ بیان کیا ہے۔ عالمی شہرت یافتہ ادیب، ناقد، محقق و دانشور پروفیسر گوپی چند نارنگ کو صدر جمہوریہ ہند کی جانب سے پدم بھوشن کا خطاب دیے جانے اور اُن کے ۷۴ویں یوم پیدائش کے مبارک موقع پر انیس اکادمی دلّی کی جانب سے ۱۱ فروری ۲۰۰۴ء کو انڈیا انٹر نیشنل سینٹر، نئی دھلی میں منعقد جشن استقبالیہ میں چندر بھان خیالؔ نے جو نظم پیش کی تھی۔ وہ بے مثل اور لاجواب ہے۔ چندر بھان خیالؔ کی نظم "اُردو اور گوپی چند نارنگ" کے چند نظمیہ اشعار خاطر نشیں ہو:

یہ مابعدِ جدید احساس اور انداز ہے سنئے
نئے خوابوں، نئی دُنیاؤں کی آواز ہے سنئے
ادب کی آرزوؤں کو اجالا دینے والے کو
نظر کی جستجوؤں کو سنبھالا دینے والے کو
چوہتر واں جنم دن اور پدم بھوشن مبارک ہو
محبّت سے بھرا پورا حسیں خرمن مبارک ہو
مری اس بات سے سب لوگ ہم آہنگ بھی ہوں گے
جہاں پائیں گے اُردو کو وہاں نارنگ بھی ہوں گے

خیالؔ کی ابتدائی دور کی نظمیہ شاعری میں احتجاجی ،باغیانہ اور انقلابی پہلو جا بجا نظر آتے ہیں لیکن اُن کے الفاظ میں گھن گرج اور جوش نظر نہیں آتا ہے بلکہ وہ اپنی نظمیہ

شاعری میں دھیمے، نرم، نازک اور سادہ و سلیس زبان کا استعمال بڑے ہی فنّی لطائف کے ساتھ کرتے ہیں۔ جس سے اُن کی غیر معمولی نظمیہ شاعری میں فنّی حسن و جمال پیدا ہو گیا ہے۔ وہ نعرہ نہیں لگاتے ہیں، وہ شور نہیں کرتے ہیں، وہ ہنگامہ نہیں کرتے ہیں اور نہ ہی جلوس میں شامل ہوتے ہیں بلکہ وہ اپنے فکری و فنّی شعور و آگہی، منفرد لب و لہجہ، دیومالائی اثرات اور مختلف رنگ و آہنگ سے قاری کو نظمیہ شاعری سے اپنی طرف متوجہ کرتے ہیں، اُن کو غور و فکر کرنے کے لیے مجبور کرتے ہیں اور اُن کو روحانی اور قلبی سکون عطا کرتے ہیں۔ مختصر یہ کہ اُردو نظمیہ شاعری میں چندر بھان خیالؔ اپنی شعری انفرادیت کی وجہ سے معاصر نظم گو شعرا میں ایک خاص مقام رکھتے ہیں۔ اکیسویں صدی کے اس مابعد جدید سے نئے عہد کی تخلیقیت کے تناظر میں چندر بھان خیال کی نظمیہ تخلیقیت اُردو ادب میں ایک بے بہا اضافہ ہے اور انھوں نے اپنی غیر معمولی شاعری سے اُردو ادب کو مالامال کر دیا جس کو نظر انداز نہیں کیا جا سکتا ہے۔ اس طرح اگر یہ کہا جائے کہ مابعد جدید دور میں چندر بھان خیالؔ نظمیہ شاعری کے آفتاب ہیں تو شائد مبالغہ نہ ہو گا۔

Urdu poetry of Chander Bhan Khayal. Essay: Ajai Malviya

***

۳

کمیاب کتابوں کو برقیاتی دنیا سے ہم آہنگ کرنے والے محقق: راشد اشرف کے شب و روز

اقبال خورشید

تذکرہ کراچی کا ہو، اور پرانی کتابوں کے بازار کا ذکر نہ آئے، تو اُسے ادھورا جانیں۔ مطالعے کے شایق اتوار کے اتوار ادھر ہی ملیں گے۔

کبھی یہ مشن روڈ اور لائٹ ہاؤس پر لگا کرتا تھا۔ وہ ٹھکانہ ختم ہوا، تو کتب فروش ۵۸ء میں ریگل چوک اٹھ آئے۔ گو اُنھیں اِس بازار کا گرویدہ ہوئے سات برس ہی بیتے ہیں، مگر مختصر سے وقت میں عشق کے ساتوں درجات طے کر ڈالے۔ وہاں کے مشاہدات الفاظ کی لڑی میں یوں پروتے ہیں: "پرانی کتب کا اتوار بازار منفرد مقام ہے۔ یہاں بڑے بڑے شاعر، دانش وَر اور کتابوں کے شوقین اپنے مرتبے کا خیال کیے بغیر، اکڑوں بیٹھے ڈھیر میں اپنی پسند کی کتابیں تلاش کرتے نظر آتے ہیں۔ کئی صاحب ثروت لوگ ہزاروں روپے کی کتب ایک ہی وقت میں خرید لیتے ہیں۔"

ان کے مطابق کتب فروش گلی گلی گھومنے والے کباڑیوں سے کتابیں خریدتے ہیں۔ ایسا بھی ہوتا ہے کہ کوئی نام وَر شاعر یا ادیب انتقال کر گیا، اور اُس کے لواحقین نے ذخیرہ

کوڑیوں کے مول ردی فروش کو سونپ دیا۔ معروف ادیب، صحافی اور شاعر، حسن عابدی کا کتب خانہ اُن کی وفات کے تین برس بعد اتوار بازار آیا۔ شوکت صدیقی کا کتب خانہ ۲۰۱۳ میں فٹ پاتھ پر پہنچا، تو کتنی ہی اہم کتابیں خود انھوں نے پچاس پچاس روپے میں خریدیں۔

کراچی کی دو بڑی لائبریریوں کی کتابیں بھی اتوار بازار میں نظر آئیں۔ بہ قول ان کے؛ "تخلیق" کے مدیر اظہر جاوید کی کتابیں تو اُن کے انتقال کے محض بارہ روز بعد لاہور کے فٹ پاتھ پر دیکھی گئی تھیں۔ شاید اِسی ناقدری اور عدم توجہی کے باعث ڈاکٹر معین الدین عقیل نے اپنے کتب خانے کے لیے جاپان کی ایک یونیورسٹی کا چناؤ کیا۔

یہاں اُنھیں نام وَر ادیب اور شاعروں کی ایسی کتب بھی ملیں، جن پر اُن کے دست خط ثبت۔ کنور مہندر سنگھ بیدی کی خود نوشت "یادوں کا جشن" انتہائی ارزاں قیمت پر حاصل کی۔ دست خط سے اندازہ ہوتا ہے کہ ۸۵ء میں یہ کتاب مہندر صاحب نے کراچی کی کسی خاتون کو پیش کی تھی۔

مقبول جہانگیر کے خاکوں کی یادگار کتاب "یارانِ نجد" کی ایک کاپی، جو اُنھوں نے اپنے دست خط کے ساتھ معروف براڈکاسٹر اور ادیب، اخلاق دہلوی کو پیش کی، اُنھیں کراچی کے اتوار بازار سے ملی۔ ساقی، نیرنگ خیال، ادب لطیف اور نقوش جیسے جرائد کے برس ہا برس پرانے شمارے بھی اُدھر پائے۔ جو معروف شخصیات اتوار بازار میں اکثر دِکھائی دیتی ہیں، اُن میں پروفیسر سحر انصاری اور ڈاکٹر ظفر اقبال نمایاں۔ قمر سہارنپوری بھی کسی زمانے میں باقاعدگی سے آیا کرتے تھے۔ غالب جیسی وضع قطع والے ماسٹر اقبال کتب فروشوں کے قبیلے کی معروف ترین شخصیت تھے، جو گاہک کے حساب سے کتاب کی قیمت لگاتے۔

یہ راشد اشرف کی کہانی ہے، جو ہیں تو انجینئر، مگر عشق کتابوں سے کیا۔ فقط اتوار بازار کا احوال اس داستان کا حصہ نہیں۔ جم کر تحقیق کی۔ ابن صفی، مولانا چراغ حسن حسرت اور عبدالسلام نیازی جیسی شخصیات کو موضوع بنایا۔ پانچ کتابیں منظر عام پر آچکی ہیں۔ یوں تو ہر کتاب قابل ذکر، مگر "طرز بیاں اور" کی کیا بات ہے۔ کہنے کو ایک کتاب، پر کتنی ہی کتابوں تک رسائی کا وسیلہ۔ اتوار بازار سے خریدی، فراموش کردہ کتب سے ماضی کی گرد جھاڑی، اُن پر تبصرے اور مضامین لکھے۔ یعنی خود بھی اُدھر کی سیر کی، ہمیں بھی کروائی۔ اور تو اور اُنھیں اسکین کر کے انٹرنیٹ پر بھی پیش کر دیا۔

پانچ سو سے زاید اردو کتب "اسکرائبڈ" (Scribd) نامی ویب سائٹ پر "اپ لوڈ" کر چکے ہیں، جنھیں قارئین کے لیے تحفہ قرار دیتے ہیں۔ اس تعداد میں مسلسل اضافہ ہو رہا ہے۔ مہاراشٹر میں بیٹھے محمد انیس الدین اور علی گڑھ کے پروفیسر اطہر صدیقی کا بھی اس ضمن میں تعاون حاصل رہا۔ اس ویب سائٹ تک رسائی کا طریقہ بے حد سہل۔ گوگل سرچ انجن پر راشد اشرف لکھیں، ابتدائی نتائج ہی میں اسکرائبڈ کا لنک پائیں، اور ایک طلسماتی دنیا میں داخل ہو جائیں۔ ایک لاکھ ۳۱ ہزار افراد اس کی سیاحی کر چکے ہیں۔ کاپی رائٹ قوانین کا خیال رکھتے ہیں۔

وہ کتابیں چنتے ہیں، جن کے مصنفین یا تو انتقال کر چکے ہیں، یا شایع کرنے والے ادارے قصہ پارینہ ہوئے۔ تازہ کتابیں اپ لوڈ نہ کرنے کی وجہ اُن کے بہ قول یہ کہ ایک کتاب سے کم از کم سو افراد کا روزگار وابستہ ہوتا ہے۔ تو نئی کتاب اپ لوڈ کرنا ناانصافی ہو گی۔ "طرز بیاں اور" میں انٹرنیٹ پر پیش کردہ کتب کی فہرست بھی دی ہے۔ پاک و ہند کے کئی طلبا کو ایم فل اور پی ایچ ڈی میں مدد دے چکے ہیں۔

اب ذرا توجہ حالاتِ زندگی پر مرکوز کرتے ہیں:

جائے پیدائش؛ کراچی۔ محمد سلیم اشرف کے گھر آنکھ کھولی، جو نیشنل بینک سے منسلک تھے۔ وہ ایک سخت گیر اور ایمان دار افسر کی شہرت رکھتے تھے۔ بہ طور باپ شفیق، مگر شفقت کا برملا اظہار نہیں کرتے تھے۔ مراسلت والدہ کے ذریعے ہوتی، مگر اولاد کی تمام ضروریات پر نظر رکھتے۔ اس بات کا قلق ہے کہ جس لگن سے اُنھوں نے پرورش کی، اس یکسوئی سے وہ اُن کی خدمت نہیں کرسکے۔

شعور کی دہلیز حیدرآباد میں عبور کی۔ بچپن میں بلا کے شرارتی۔ کرکٹ کا جنون تھا۔ ہاکی اور فٹ بال کا بھی تجربہ کیا۔ شمار اچھے طلبا میں ہوتا۔ پبلک کالج، حیدرآباد سے انٹر کرنے کے بعد لاہور کی ایک درس گاہ میں داخلہ لیا۔ آٹھ ماہ اُدھر ہاسٹل میں رہے۔ وہ وقت اب خوش گوار یادوں کا حصہ ہے۔ جب خبر ملی کہ داؤد انجینئرنگ کالج، کراچی میں داخلہ ہو گیا ہے، تو شہر قائد کا رخ کیا۔ ۹۷ء میں کیمیکل انجینئرنگ کی ڈگری لی۔ اُس زمانے میں ماموں کے ہاں رہایش رہی۔ گذشتہ دو عشروں سے وہ آئل اینڈ گیس سیکٹر سے منسلک ہیں۔

لکھاری کے لیے قاری ہونا شرط۔ پہلے پہل فیروز سنز کی بچوں کی سیریز نے گرویدہ بنایا۔ چھٹی جماعت میں تھے، جب ابن صفی کے ناولوں کا ذائقہ چکھا۔ تجربہ انوکھا رہا۔ آگے بڑھے، تو بڑھتے چلے گئے۔ کہتے ہیں، "جس طرح Prolific writers ہوتا ہے، بے تحاشہ لکھنے والا۔ تو اس طرح سے ہم Prolific reader رہے۔ یعنی مروجہ ادب میں سب کچھ پڑھا۔ البتہ دل چسپی کا محور خودنوشت، سوانح عمری اور شخصی خاکے رہے۔"

جب لکھنے بیٹھے، تو خشک موضوعات سے اجتناب برتا۔ مشفق خواجہ کے انداز میں، شگفتگی کے حامل مضامین لکھے۔ خواہش یہی رہی کہ قاری کو دل چسپ اور متنوع مواد فراہم کیا جائے۔ مضامین یہ پاک و ہند کے مختلف جراید میں شایع ہوئے۔ شاید اُن ہی میں

ایک کتاب کا خاکہ چھپا تھا۔ اپنے من پسند ادیب، محمد خالد اختر کے الفاظ دہراتے ہیں:
"یہ مضامین اکیلے، اداس لمحوں میں خود کو بہلانے کے لیے لکھے۔ جب وہ مدیروں کی فراخ دلی کی بدولت چھپے، تو دیکھ کر تعجب ہوا کہ چند پڑھنے والوں کو ان کا انداز اچھا لگا۔"

تحقیق کے لیے اَن چھوئے موضوعات کا تعاقب کیا۔ ابن صفی بھی ان میں سے ایک۔ ۲۰۱۲ء میں پہلی کتاب "ابن صفی: کہتی ہے تجھ کو خلق خدا غائبانہ کیا" شایع ہوئی۔ چار سو صفحات کی کتاب میں ابن صفی پر لکھے نادر مضامین اور خاکوں کو یک جا کیا۔ تلاش میں بڑا اپتا مارنا پڑا کہ بیش تر ڈائجسٹوں میں گم۔ مضمون نگاروں میں نصر اللہ خاں، ڈاکٹر ابوالخیر کشفی، مجنوں گورکھپوری، شبنم رومانی، شاعر لکھنوی اور شکیل عادل زادہ جیسے نام شامل۔

اگلے برس "ابن صفی: شخصیت و فن" شایع ہوئی، جس میں ان کے ادوار زندگی، ابن صفی بہ حیثیت شاعر اور مزاح نگار، اُن کے ناولوں کے رومانوی کردار اور ان کے ادبی مقام پر بحث کی۔ کئی ابہام دور کیے۔ ادب کے ناخداؤں نے ابن صفی کو کیوں تسلیم نہیں کیا، کس کس کی رائے معاندانہ رہی؟ اِس مدعا پر بھی حوالہ جات کے ساتھ تفصیلی بات کی۔ وامق جون پوری، خالد اختر اور نیاز فتح پوری کا اس ضمن میں تذکرہ آتا ہے۔

ابن صفی کے بیش تر مخالفین اُن کے بہ قول، حسد کے نرغے میں تھے۔ اُنھیں گوارا نہیں تھا کہ قارئین ابن صفی کے ناول قطار لگا کر خریدتے ہیں۔ ایڈیشن راتوں رات ختم ہو جاتا۔ تو اُن پر پھبتیاں کَسی گئیں۔ اُسے سری ادب کہہ کر ایک خانے میں بند کرنے کی کوشش کی گئی۔

جب عالمی ادب میں سائنس اور کرائم فکشن کے شعبے الگ، رومانوی اور پُراسرا ادب کے قاری جدا، تو یہاں ابن صفی کے جاسوسی ناولوں کو ادب عالیہ میں شمار کرنے پر

اصرار کیوں؟ اس بابت راشد اشرف کہتے ہیں، "مغرب کے پاپولر فکشن میں آپ کو ادبی چاشنی اور شاعرانہ تخیل نہیں ملے گا۔ ابن صفی کے ناول ان عناصر کے حامل تھے۔ اتنے پر قوت کہ انسان کی عقل حیران رہ جائے۔ ۲۰۱۳ میں مولانا آزاد یونیورسٹی، دکن میں منعقدہ سیمینار میں تسلیم کیا گیا کہ ابن صفی کی تخلیقات ادب عالیہ کا حصہ ہیں۔ تو اب یہ بحث ختم ہو گئی ہے۔ اُن پر کتابیں لکھی جا رہی ہیں۔ سیمینار ہو رہے ہیں۔ طلبا ان پر ایم فل اور پی ایچ ڈی کر رہے ہیں۔

ان کا کمال یہ تھا کہ پان والا بھی ان کا اسیر، ایٹمی سائنس داں بھی اُن کا قاری۔ وہ کمال کے مزاح نگار تھے۔ کچھ عرصے قبل ان کا شعری مجموعہ 'متاع قلب' شایع ہوا، جسے ہاتھوں ہاتھ لیا گیا۔ ۲۰۰۹ میں پہلی بار ایک پرائیویٹ چینل نے اُن کی برسی پر رپورٹ نشر کی تھی، اُس سے قبل اُن سے متعلق کبھی کوئی خبر نہیں چلی۔ مگر اب میڈیا کا رویہ بھی تبدیل ہوا ہے۔"

ابن صفی کے مشہور زمانہ کردار، عمران پر کئی کہانی کاروں نے طبع آزمائی کی۔ راشد اشرف کے مطابق ۶۱ء میں جب ابن صفی بیماری کے باعث اگلے تین برس تک نہیں لکھ سکے، تو مارکیٹ کی طلب پوری کرنے کے لیے کئی لوگوں نے جعلی ناموں سے لکھا، مگر انھوں نے لوٹ کر جب "ڈیڑھ متوالے" لکھا، تو یہ تمام افراد غائب ہو گئے۔

جب ہم نے ذکر کیا کہ مظہر کلیم کی عمران سیریز خاصی مقبول ہوئی تھی، تو کہنے لگے، "ہے تو وہ چربہ، مگر ہر شخص میں کوئی نہ کوئی قابلیت ہوتی ہے۔ اُنھوں نے جدید انداز اپنایا۔ جیمز بانڈ کی فلموں کے مانند ٹیکنالوجی کا استعمال کیا۔ میں قطعی نہیں کہوں گا کہ انھوں نے اچھا لکھا۔ البتہ یہ ضرور ہے کہ ان کی ریڈر شپ ہے۔" ایچ اقبال کی عمران سیریز کو وہ ناکام کوشش قرار دیتے ہیں۔ "ہاں، ان کی پرمود سیریز مقبول ہوئی، جسے ابن

صفی نے بھی سراہا، مگر مشہور یہ ہو گیا کہ انھوں نے ابنِ صفی کی عمران سیریز کی تعریف کی ہے۔"

"مولانا عبد السلام نیازی: آفتاب علم و عرفان" اُن کی تیسری کتاب۔ دلی کی اس عبقری شخصیت سے مولانا مودودی اور اُن کے بھائی، ابو الخیر مودودی نے اکتساب فیض کیا۔ عنوان مودودی صاحب کے بیٹے، حیدر فاروق مودودی نے تجویز کیا۔ کتاب میں جوش، اخلاق دہلوی، شاہد دہلوی، ملا واحدی اور خلیق انجم جیسے قلم کاروں کے مضامین۔ رزی جے پوری اور مسعود حسن دہلوی کے تحریر کردہ خاکوں کا حصول بڑی کام یابی تھا۔

یہیں بیٹھے بیٹھے ان کی قبر کی تصویر بھی حاصل کر لی۔ حالاں کہ دلی کے ایک محقق کا دعویٰ رہا کہ مولانا کی قبر کی کسی کو خبر نہیں۔ کہتے ہیں؛ محقق کو حکم نہیں لگانا چاہیے۔ موقف میں لچک ضروری ہے۔ کوشش کریں، تو راستہ نکل آتا ہے۔ دل چسپ امر یہ کہ عزیز میاں قوال کی سوانح سے مولانا نیازی کا تذکرہ بھی حاصل کر لیا۔ یہ ٹکڑا پنڈی کے ایک صاحب، حسن نواز شاہ کے توسط اُن تک پہنچا۔ قارئین نے اسے بہت پسند کیا۔

"چراغ حسن حسرت: ہم تم کو نہیں بھولے" تازہ ترین کاوش۔ اس ممتاز صحافی، کالم نویس اور شاعر پر مرتب کردہ اِس شگفتہ اور معلوماتی کتاب میں شامل بیش تر تحریریں ۷۰ سے ۸۰ برس پرانی۔ ۳۳ خاکے۔ خود نوشتوں سے تذکرے۔ "چٹان" اور "امروز" کی فائلوں سے حسرت کے یادگار واقعات۔ دیباچہ انتہائی دلچسپ۔ اُن کے پسر، ظہر الحسن جاوید اور بھانجے، محمود الحسن کے مضامین بھی شامل۔ کتاب کا بہت چرچا ہوا۔

مجیب الرحمان شامی، جبار مرزا، ڈاکٹر مظہر محمود شیرانی اور الطاف حسن قریشی نے تعریف کی۔ اس نابغۂ روزگار شخصیت پر تحریر کردہ ڈاکٹر طیب منیر کے پی ایچ ڈی مقالے سے بھی بہت مدد ملی۔ راشد اشرف کے بہ قول؛ مولانا اہل زبان نہ ہونے کے باوجود بہت

شستہ زبان لکھتے تھے۔ ناقدین نے سرسید، شبلی اور حالی کی تحریروں سے تو زبان کی غلطیاں نکالیں، مگر دو ادیبوں پر وہ انگشت نمائی نہیں کر سکے، ایک مولانا ظفر علی خان اور دوسرے مولانا چراغ حسن حسرت۔ قلق ہے کہ اس قوم، بالخصوص صحافی برادری نے ان جیسے قد آور اور دیانت دار صحافی کو یک سر فراموش کر دیا۔

زیر ترتیب کتابوں پر بھی بات ہو جائے۔ آج کل مختلف سوانح عمری اور خود نوشتوں سے ماورائے عقل واقعات اکٹھے کرنے میں جٹے ہیں۔ اگلے چند ماہ میں اس کی اشاعت متوقع۔ پاک و ہند کے شخصی خاکوں کے انتخاب پر بھی کام کر رہے ہیں۔ پچاس خاکوں کا انتخاب کیا ہے۔ ممکن ہے، کتاب یہ دو جلدوں پر مشتمل ہو۔ بنگال میں مقیم، مشتاق اعظمی نے، جو خاکوں کے بہت بڑے شوقین، اپنے ذاتی کتب خانے سے خاکے بھجوائے۔ اِس تناظر میں مشفق خواجہ کے تین جلدوں پر مشتمل انتخاب کا بھی تذکرہ آیا۔ راشد اشرف کا کہنا ہے؛ ان کی کاوش خواجہ صاحب کی کتاب سے یک سر مختلف ہو گی۔ معلومات کے ساتھ ساتھ انھوں نے دل چسپی کے عنصر کو بھی پیش نظر رکھا ہے۔

تمام کتابوں کی اشاعت کا اہتمام خود ہی کیا۔ "بزم تخلیق ادب" کے تحت کتابیں منصہ شہود پر آئیں۔ اِسے وہ دیوانے کا خواب کہتے ہیں۔ البتہ خوشی ہے کہ مشاہیر نے اُن کی حوصلہ افزائی کی۔ قارئین کا ردعمل بھی مثبت رہا۔ ان کے مطابق ہمارے ادبی ادارے جو کتابیں چھاپ رہے ہیں، اُن کا معیار ہمارے سامنے ہے۔ "کتنے ہی افراد اچھی کتاب کا مسودہ بغل میں لیے گھوم رہے ہوں گے، مگر جیب اُن کی خالی ہو گی، اور سرکاری اداروں سے ان لوگوں کی کتابیں چھپ رہی ہیں، مشفق خواجہ جن سے متعلق کہا کرتے تھے؛ دو سو گرام کے کاغذ پر دس گرام کی بات۔ تو ایسا نظام وضع کیا جائے، جس کے تحت تخلیقات کو جانچ کر شایع کیا جائے۔"

خوشیاں اور غم کتابوں سے جڑے ہیں۔ جب کوئی اچھی کتاب ہاتھ میں ہو، ارد گرد خاموشی ہو، تو خوشی کے کامل لمحات کا تجربہ کرتے ہیں۔ کتابوں کی تقریب رونمائی میں جب خواہ مخواہ مصنف کی تعریف میں زمین و آسمان کے قلابے ملائے جا رہے ہوں، تو دکھ ہوتا ہے۔

فکشن نگاروں میں وہ قرۃ العین حیدر، شوکت صدیقی اور عبداللہ حسین کو سراہتے ہیں۔ "جانگلوس" کو شاہ کار قرار دیتے ہیں۔ کلاسک شعرا کے مداح۔ کہنا ہے؛ اب تو اتنی شاعری ہو رہی ہے کہ اس کے بوجھ تلے انسان دب کر ہلاک ہو جائے۔ البتہ کبھی کبھار اچھا شعر سامنے آ جاتا ہے۔ گائیکی میں محمد رفیع، لتا اور جگجیت سنگھ کو سراہتے ہیں۔ آرٹ فلمیں شوق سے دیکھتے ہیں۔ "شطرنج کے کھلاڑی"، "پارٹی" اور "منڈی" کا بالخصوص ذکر کرتے ہیں۔ پینٹ شرٹ کو آرام دہ محسوس کرنے والے راشد اشرف سادہ خوراک ہیں۔ سردی کے موسم سے لطف اندوز ہوتے ہیں۔

Rashid Ashraf, A researcher of world of rare Urdu books

* * *

۴

آر کے لکشمن - تاریخ نے جس پر اپنا در کھول دیا

ندیم صدیقی

طنز و مزاح کا اپنا ایک الگ مزہ ہے۔ نثر اور شاعری ہی میں نہیں یہ کسی بھی فن میں اور کسی بھی طرح سے ایک نمونہ بن سکتا ہے فنکار کا ماہر اور اپنے فن پر قادر ہونا شرط ہے۔ طنز ہی نہیں مزاح بھی ایک طرح کا ہتھیار ہوتا ہے اگر فنکار کمزور ہے یا وہ کہیں چوکا تو اس کی یہ تلوار اسی پر اُلٹ جاتی ہے۔

بہت مشہور واقعہ ہے کہ شیخ سعدی شیرازی ایک سفر سے لوٹ رہے تھے کہ راستے ہی میں انھیں شدید تھکن ہی نہیں بھوک کا بھی احساس ہوا، اُنہوں نے ایک سایہ دار درخت کے نیچے ٹھکانہ بنایا اور اپنی زنبیل میں ٹٹولا کہ کچھ ہے، تو صرف روٹی ملی وہ بھی سوکھی اور نمک کی ڈِبیہ ہاتھ لگی۔ وہ سوکھی روٹی اور نمک سے اپنے شکم کی اگنی ٹھنڈی کر رہے تھے کہ وہیں سے پورے تام جھام کے ساتھ درباری شاعر کا گزر ہوا۔ اُس نے شیخ کو اس حالت میں دیکھا کہ چہرے پر ہوائیاں اُڑ رہی ہیں اور وہ تپتی دھوپ میں ایک درخت کے نیچے سوکھی روٹی نمک سے کھا رہے ہیں۔ وہ اپنے شاہی طمطراق کے ساتھ شیخ کے قریب پہنچا اور کچھ عرض کرنے کی اجازت چاہی۔ شیخ نے جواباً کہا کہ تُو تو شاہی شاعر ہے تجھے اجازت کی کیا حاجت۔۔۔ بول بھائی کیا چاہتا ہے۔؟

شاہی شاعر نے کہا: شیخ !اگر آپنے شاہی دربار میں کبھی حاضری اور سلام کا طریق اختیار کیا ہوتا تو آج آپ کو سوکھی روٹی اور نمک نہ کھانا پڑتا۔ شیخ سعدی نے اس کی بات سنی اور پھر پوچھا کہ تو نے اپنی کہہ لی۔۔۔ اب اگر تو اجازت دے تو میں کچھ عرض کروں؟ جواباً اس نے کہا یا شیخ آپ فرمائیں۔۔۔ شیخ سعدی نے کہا: تو نے سوکھی روٹی اور نمک پر اگر قناعت کی عادت ڈالی ہوتی تو تجھے سرکار دربار میں سلامی کیلئے حاضر نہ ہونا پڑتا۔۔۔ شاہی شاعر، شیخ سعدی کے اس جواب پر خجل ہوا اور اس نے وہاں سے راہِ فرار کیلئے اپنے گھوڑے کو ایڑ دی اور یہ جا اور وہ جا۔۔۔

اس واقعے میں شاہی شاعر کا طنز اور شیخ سعدی کا مسکت جواب تاریخ کا حصہ بن گیا ہے کہ شیخ نے اسی کے لفظوں کو اسی پر کیسے اُلٹ دیا۔ صاحبِ فہم حضرات برسوں پرانے اس واقعے سے آج بھی لطف اُٹھاتے ہیں۔

ذہانت اور فنکاری کے بیشمار طَور ہیں۔۔۔ کون،۔۔۔ کون سا پیرایہ اور کیسا اسلوب اختیار کرتا ہے اس کیلئے وہ آزاد ہے۔ اسی ہفتے یعنی گزشتہ پیر کو ہمارے ملک کا ایک ایسا فنکار رُخصت ہوا ہے۔ جس کیلئے تاریخ نے اپنا سینہ کھول کر اس کا خیر مقدم کیا ہے۔ آر کے لکشمن ہمارے دَور کے فنکاروں میں اپنی مثال آپ تھے۔ معاصر ٹائمز آف انڈیا میں اُنہوں نے پچاس برس سے زائد مدت تک اپنے فن کا مظاہرہ کیا۔

ٹائمز کے صفحۂ اوّل پر اُن کا بنایا ہوا کارٹون اکثر، لوگ پہلے دیکھتے تھے اور کچھ قارئین ہیڈلائین کے فوراً بعد ان کے کارٹون ہی پر نظر ڈالتے تھے۔

ایک بات یہ بھی تاریخ کا حصہ بن گئی کہ اُنہوں نے ابتدا میں آرٹ کی باقاعدہ تعلیم کیلئے ممبئی کے جے جے آرٹس کالج میں داخلے کی درخواست کی۔ لکشمن کے ابتدائی فن پاروں کو دیکھا تو مذکورہ کالج کے سربراہ نے اُنھیں جواب دِیا کہ" آپ کی بنائی ہوئی

تصویروں میں وہ بات نہیں ہے کہ جس کے سبب آپ کو کالج میں داخلہ دِیا جائے۔۔۔"

عروس البلاد ممبئ کے روزنامہ فری پریس جرنل سے لکشمن نے ایک کارٹونسٹ کی حیثیت سے باقاعدہ اپنی عملی زندگی کا آغاز کیا تھا جہاں اُنکے ساتھ بال ٹھاکرے بھی کام کر رہے تھے۔ نئ نسل کیلئے اطلاعاً عرض ہے کہ ٹھاکرے بھی اپنے زمانے میں ایک ممتاز کارٹونسٹ کی حیثیت کے حامل شخص تھے۔ انھیں یہ امتیاز بھی حاصل ہے کہ ان کا ہفت روزہ 'مارمک' انہی کے بنائے ہوئے سیاسی کارٹونوں کا نہایت دِلچسپ مجلہ ہوا کرتا تھا۔

ہم اس وقت لکشمن کو یاد کر رہے ہیں۔ ان کے بنائے ہوئے کارٹون (کامن مین) 'عام آدمی' ہی کیلئے ہوتے تھے مگر خواص بھی اس سے مجتنب نہیں رہے۔ وہ صاحبِ اسلوب کارٹونسٹ تھے۔ یہ وصف ہر فنکار کو نصیب نہیں ہوتا۔ لکشمن کو یہ اعزاز بھی حاصل ہے کہ جس اسکول آف آرٹس نے انھیں داخلہ نہیں دیا اسی اسکول سے چند قدم کے فاصلے پر ٹائمز آف انڈیا جیسے مؤقر اخبار کے وہ نصف صدی تک ایک انتہائی اہم رُکن بنے رہے۔

لکشمن کی فکر صرف لکیروں کے ذریعے کارٹون ہی نہیں بنتی تھی بلکہ اس کے نیچے جو عبارت ہوتی تھی وہ بھی ان کی فکر کا ایک نمونہ ہوتی تھی یاد آتا ہے کہ ایک کارٹون میں انہوں نے نہایت بھری پُری سڑک دِکھائی اور نیچے درج تھا کہ "کار تو میرے پاس بھی ہے مگر سڑک نہیں ہے۔"۔۔۔ اُردو اخبارات میں بھی کسی زمانے میں باقاعدہ کارٹونوں کا ایک سلسلہ ہوتا تھا۔ اِس وقت وہاب حیدر یاد آئے کہ مرزا غالبؔ کے اشعار پر بنائے ہوئے ان کے کارٹونوں کا ایک سلسلہ بنام 'شعر پر شوشہ' خاصی مدت تک معاصر اخبار میں چھپتا رہا۔ مگر ہم اُردو والوں نے شاید اس فن اور اس کے فنکاروں کی وہ قدر نہیں کی جس کا وہ حق رکھتے تھے۔ خوشی کی بات ہے کہ لکشمن کی قدر اُن کی زندگی میں بھی

ہوئی اوراُن کے بعد بھی۔ انہوں نے عام آدمی ہی کو اپنے فن کا موضوع بنایا اور خود بھی ایک عام آدمی کی طرح زندگی گزاری۔

پتہ چلا کہ آنجہانی لکشمن اپنے فن اور اپنی زندگی میں یکساں تھے۔۔۔ہم ان کے فن اور انکے کردار کو سلام کرتے ہیں۔

An obituary of R.K.Laxman. Essay: Nadeem Siddiqui

***

۵

ڈاکٹر کلیم احمد عاجز: عظیم آباد کی تہذیب کے آخری حدی خواں

عبدالمتین منیری

دیکھئے میری غزل میں کبھی صورت اپنی
یہ وہ آئینہ ہے کہ جو آپ نے کم دیکھا ہے

اس شعر کے خالق اور عظیم آباد کے تہذیبی گہوارے کے آخری حدی خواں، میر تقی میر کی شعری روایت کے امین عظیم شاعر و ادیب ڈاکٹر کلیم احمد عاجز آج اپنے خالق حقیقی سے جا ملے اور اپنے ساتھ وضع داری اخلاق و رواداری کی ایسی انمول روایات لے گئے جو دور دور تک اب ڈھونڈے سے نہیں ملیں گیں۔ آپ کی رحلت کے ساتھ اردو شعر ادب کا جو خسارہ ہوا ہے اس کی بھرپائی اب شاید ممکن نہ ہو، عاجز صاحب نے ایک طویل عمر پائی۔ آپ کی ولادت ۱۹۲۰ء کو پٹنہ میں ہوئی تھی۔

جس طرح موسی ندی کی باڑھ اپنے ساتھ شہنشاہ رباعیات امجد حیدرآبادی کے پورے اہل خانہ کو بہا لے گئی تھی، کچھ اس سے بھی زیادہ بھیانک انداز میں تقسیم ہند کی اعلان کے ساتھ پھوٹ پڑنے والے فسادات کی آگ نے آپ کے خاندان کے سبھی افرا

د کو اپنی لپٹوں میں جکڑ کر راکھ کر دیا تھا۔ ۲۶/ اکتوبر ۱۹۴۶ء کو آپ کی والدہ اور چھوٹی بہن سے ملاقات ہوئی تھی، اور دس روز بعد ۵/ نومبر ۱۹۴۶ء کو عید الاضحی کے روز ان دونوں کا قتل ہو گیا۔ یہ ایک ایسا حادثہ جانکاہ تھا کہ جس کے غم نے اردو ادب کو(وہ جو شاعری کا سبب ہوا) کی غزلوں کے مجموعے کے ساتھ اس کے مقدمہ کی شکل میں نثری اور سوانحی ادب کا ایک شہ پارہ دے دیا اور یہ کہنا مشکل ہو گیا کہ کلیم صاحب بڑے شاعر تھے یا نثر نگار۔

پے در پے غموں اور تنہائی نے نے کلیم عاجز کو میر تقی میر کے اسلوب اور روایات کا امین بنا دیا، اس درد و الم میں آپ کی فکر و قلم سے اشعار کا نزول ہونے لگا، یہ اشعار دوسرو ں کو سنانے اور واہ واہ بٹورنے کے لئے نہیں تھے، بلکہ دل و ماغ پر طاری ایک کیفیت تھی جو اشعار کی شکل میں ڈھل رہی تھی، وہ کسی کی نقالی نہیں تھی، بلکہ ایک الہامی اسلوب تھا، جس کا جادو شعری محفلوں میں سر چڑھ کر بولتا تھا، یہی وجہ تھی کہ جب مشاعروں کے بازار میں مشاعرہ بازوں نے اس اسلوب کی نقالی کرتے ہوئے کرو ہو بھرو ہو جیسی تعبیرات پیش کرنی شروع کیں تو مشفق خواجہ جیسے نقادوں نے توجہ دلائی کہ یہ اسلوب صرف کلیم عاجز ہی پر سجتا ہے۔ یہ لہجہ کسی اور کے ماتھے کا جھومر نہیں بن سکتا۔ کلیم عاجز نے اپنے لئے جو شاعری کی وہ دکھی اور کچلے دلوں کی آواز بن گئی۔ اس کی ہر کاٹ توپ و تفنگ کے وار سے زیادہ بھاری پڑتی تھی، لال قلعہ کے سالانہ مشاعروں میں اندرا گاندھی اور راجیو گاندھی کے سامنے پیش گئے بہت سے اشعار اور شعری تلمیحات ادب عالیہ اور جراءت رندانہ کے اعلی نمونے شمار ہوتے ہیں، یہی وجہ ہے کہ جب بھی ظلم ہو، معصوموں کا خون ناحق بہے، درندگی کا ننگا ناچ کھیلا جا رہا ہو۔ آپ کے اشعار اس حوالے سے جتنی مرتبہ اور بار بار صحافت سیاست اور میڈیا کے میدانوں میں دھرائے گئے۔ اتنی

بڑی تعداد میں یہ شاذونادر ہی دوسرے شعراء کے حصے میں آئے۔ نقاد کہتے ہیں کہ عظیم شاعر وہ ہوتا ہے جس کے شعری ذخیرے سے چند اشعار ضرب المثل کی حیثیت اختیار کر جائیں اور موقع بہ موقع زبان پر یاد آجائیں۔ اس کسوٹی پر آپ کے کلام کو پر کھا جائے تو شاید دوسرا کوئی اور معاصر شاعر آپ کا ہم پلہ نہیں بن سکتا، عاجز صاحب کی رحلت شعر و ادب کے ایک دور کا خاتمہ ہے۔

کلیم عاجز صاحب دینی اقدار کے امین تھے ،وہ عرصہ تک صوبہ بہار میں تبلیغی جماعت کے امیر رہے۔ وہ اسلام کی آفاقیت کے قائل تھے لیکن وہ سمجھتے تھے کہ اسلام کی اعلیٰ قدروں کو دنیا کے تمام افراد تک پہنچانے کے لئے اس پر ہمیشہ اسلام کا لیبل لگانے سے دعوتی نقطہ نظر سے نقصان ہو رہا ہے۔ اس کی وجہ سے ایک بہت بڑا طبقہ اسلام کا نام سن کر ان اقدار کو سنے بغیر ہی ان میں مین میخ نکالنے لگتا ہے ، اور تعصب کی دیوار حق بات پہنچانے میں آڑے آجاتی ہے ، لہذا وہ ادب مین حلقہ بندیوں کے مخالف تھے ، وہ سمجھتے تھے ادب کی اسلامی اور غیر اسلامی حد بندی کر کے اسلامی اقدار کی اشاعت میں رکاوٹ پڑ رہی ہے۔ اقبال پر اسلامی شاعر کا لیبل لگا کر ہم نے اقبال کا بڑا نقصان کر کے اس کی آفاقیت پر روک لگادی ہے ، ان کا کہنا تھا کہ اردو زبان کسی ایک دین کے ماننے والوں کی جاگیر نہیں ہے ، اسے غیر مذہب کے لوگوں نے سنوارنے اور مقبول بنانے میں کچھ کم حصہ نہیں لیا، اردو بولنے والے غیر مسلموں میں ایسے افراد کی بڑی تعداد رہی ہے جو حد بندی کے بغیر اسلامی و مشرقی اقدار کے پابند رہی ہے ، لیکن جب سے مسلمانوں کی بے سمجھی سے یہ زبان پڑوسی ملک کی قومی زبان اور مسلمانوں کی زبان بن گئی ہے اب گنگا جمنی کی صفت اس زبان سے ختم ہوتی جارہی ہے ، اب غیر اقوام میں اردو زبان کی ترقی میں حصہ لینے والے پیدا ہونے کا سلسلہ بند ہو گیا ہے۔ آپ نے طویل عرصہ تک پٹنہ

یونیورسٹی کے صدر شعبہ اردو کی حیثت سے اردو کے فروغ میں حصہ لیا، وہ یہاں پر اردو کے عظیم شاعر جمیل مظہری کے جانشین بنے تھے۔ آخری سالوں میں آپ کے قلم سے کئی ایک کتابیں، جب فصل بہاراں آئی تھی، پھر ایسا نظارہ نہیں ہوگا، جہاں خوشبو ہی خوشبو تھی، ابھی سن لو مجھ سے، کوچہ جاناناں، مجلس ادب، دیوانے دو، میری زبان میرا قلم ، دفتر گم گشتہ وغیرہ نکلیں۔

ہم نے آپ کو پہلے پہل ۱۹۸۱ء میں دبی شیراتون میں منعقدہ پہلے عالمی مشاعرے میں دیکھا تھا، اپنے معیار اور استاد شعراء کی شرکت کی وجہ سے ایسا مشاعرہ پھر دیکھنا نصیب نہیں ہوا، حالانکہ اس کے بعد دبی میں منعقد ہونے والے تقریبا سبھی عالمی مشاعروں میں شرکت کا ہمیں موقعہ نصیب ہوا، اس وقت آپ کے پیش کردہ کلام کی ریکارڈنگ ہماری ویب سائٹ اردوآڈیو ڈاٹ کام میں سنی جاسکتی ہے۔ ۱۹۷۶ء میں آپ کا پہلا مجموعہ کلام (وہ جو شاعری کا سبب ہوا) شائع ہوا تھا، اس پر فراق گورکھپوری نے فلیپ لکھا تھا، اس کا اجرا صدر جمہوریہ کے ہاتھوں ہوا تھا، لیکن یہ ایڈیشن عام قاری کی دست رست سے باہر رہا اور زیادہ تر افراد اس کتاب سے ناواقف ہی رہے، اس کا اہم سبب کلیم عاجز کا اس کے تیں رویہ بھی تھا، ہوا یہ تھا کہ کتاب کی اشاعت میں آپ کو کوئی خاص دلچسپی نہیں تھی، احباب آپ کے کلام کو ضائع ہونے سے بچانا چاہتے تھے، عاجز صاحب ایک ایسی روایت کے امین تھے جہاں کاروبارائی ذہنیت معیوب تھی، وہ چاہتے تھے کہ ان کا کلام ان افراد کے ہاتھوں تک پہنچے جن کے پاس آپ کے کلام کے سامنے روپئے پیسوں کی کوئی اہمیت نہ ہو، ہر قیمت پر وہ اسے حاصل کرنے کے لئے تیار ہوں، لہذا کتاب بڑے اعلی معیار پر محدود تعداد میں زیور طباعت سے آراستہ ہوئی، اس کا ہدیہ عام قاری کی دست رست سے باہر رکھا گیا، دہلی کے امریکی سفارت نے بڑی قیمت دے کر اسے خریدا اور اپنے جملہ مرکزی کتب خانوں

کی زینت بنایا، عام قاری اس کا نام سنتے ہی رہ گئے۔ اسی طرح دو ایک سال بعد اس کے ایک اور محدود تعداد میں خوبصورت ایڈیشن کا دہلی میں اجراء عمل میں آیا، یہ بھی ناپید ہو گیا، لیکن آپ کے کلام کی خوشبو مشک و عنبر کی طرح فضاؤں میں مہک رہی تھی، آپ کے مجموعہ کلام کے حصول کی تڑپ باذوق افراد میں رہ رہ کر جاگ رہی تھی، لیکن عاجز صاحب اسے ریوڑیوں کی طرح بے قدری سے بانٹنے کے روادار نہیں تھے، وہ چاہتے تو اپنے مجموعہ سے بہت کچھ دولت کما سکتے تھے، لیکن انہیں دولت سے زیادہ اس کی قدر وعزت اور اس کے لئے ہونے والی تڑپ عزیز تھی، اس کے بعد آپکے مضامین کا مجموعہ جہاں (خوشبو ہی خوشبو تھی) اور دوسرا مجموعہ کلام (جب فصل بہاراں آئی تھی) شائع ہوئے تو خوش قسمتی سے اس وقت اردو بک ریویو دہلی میں آرہ کے پروفیسر رضوان اللہ صاحب نے اس پر بہت خوب صورت تبصرہ لکھا، جس سے عاجز صاحب کی کتابوں تک رسائی کا ایک ذریعہ مل گیا، اس مجموعہ کی بھی قیمت بہت زیادہ تھی، لیکن ہم نے اس کے کئی نسخے دہلی کے پتے پر منگوا لئے اور عاجز صاحب سے ربط و تعلق اور مراسلت کی ایک راہ نکل آئی۔

اس وقت صرف ہمارے دوست نہیں بلکہ بزرگ بھی مرحوم مولانا محمد رضوان القاسمی صاحب بانی مہتمم جامعہ سبیل السلام حیدرآباد بقید حیات تھے، اللہ تعالی نے علم دین کے ساتھ بڑا اصاف ستھرا ادبی ذوق انہیں دیا تھا، جید صاحب قلم، ایک زمانے میں حیدرآباد سے نوید دکن نکالا تھا، پھر سیاست میں ہفتہ وار کالم لکھا کرتے تھے، جب دہلی میں آتے تو رمضان میں تراویح کے بعد ہمارا مختلف موضوعات پر تبادلہ خیال ہوتا تو سحری کا وقت ہونے کا پتہ نہیں چلتا تھا، انہوں نے ہم سے کہا کہ (وہ جو شاعری کا سبب ہوا) لوگ پڑھنا چاہتے ہیں، لیکن عاجز صاحب اسے چھپوانے کے لئے تیار نہیں، ہمارے خاص الخاص

تعلق کے آدمی ہیں، لیکن یہاں ہمارا تعلق بھی کام نہیں آرہا ہے۔ سبیل السلام میں رابطہ ادب اسلامی کا سیمینار ہونے جارہا ہے، اگر اس کی اشاعت کے لئے کوئی ڈول ڈال سکتے ہوں تو آپ کی کرامت سمجھوں گا۔

کہاں بھٹکل دبی اور پٹنہ، عاجز صاحب سے ہماری شناسائی صرف ان کی کتابیں پڑھنے اور کلام سننے کی حد تک تھی، رضوان صاحب تو ان کے گھر کے آدمی تھے، لیکن قربان جایئے اس وضع داری اور بھولے پن پر کہ جب ہم نے عاجز صاحب کو خط لکھا تو فورا رضوان صاحب کے توسط سے کتاب کی اشاعت پر راضی ہوگئے اور ان کے پاس اپنی کتاب کا جو اکلوتا نسخہ تھا وہ اور کتاب کے پہلے ڈیلکس ایڈیشن کی پلیٹیں ڈاک سے بھیج دیں، کہاں یہ رخ کہ دبی سے چھپے نسخہ کی قیمت پانچ سو درھم (دوگنی سونے کی قیمت کے برابر) کہ ہم جیسا کوئی اسے خریدنے کا سوچ بھی نہیں اور مال کے تعلق سے شاعر موصوف کے بارے میں غلط فہمی میں مبتلا ہو۔ رضوان القاسمی مرحوم کا شائع کردہ یہی نسخہ ہندوستان میں عام قاری کے ہاتھوں تک پہنچا، ہمارا خیال ہے طلب کے باوجود گذشتہ پندرہ بیس سال میں اس کا کوئی دوسرا ایڈیشن نہیں نکلا۔ یہ کتاب کلیم عاجز کو ہمیشہ زندہ رکھے گی۔

کتاب کی اشاعت کے چند ہی دنوں بعد ۱۹۹۷ء میں پچاس سالہ جشن آزادی کے موقعہ پر بھٹکل میں نوجوانوں کی تنظیم وائی یم یس یم

نے سیرت کوئز اور نعت کا ایک مقابلہ رکھا، جس کے لئے عاجز صاحب کو مہمان خصوصی کی حیثیت سے شرکت کی دعوت دی گئی،، خوش قسمتی سے ہمیں بھی اس موقعہ پر ساتھ رہنے کا موقعہ ملا، خوب چہکے، عادت کے برخلاف بہت سارا کلام مجلسوں میں سنایا، طلبہ واساتذہ سے بھی خوب گھل مل گئے، ایسا لگا کہ جیسے اپنے ہی گھر میں آئے ہیں، جامعہ اسلامیہ بھٹکل میں پہانی، ہردوئی کے ہمارے حافظ کبیر الدین صاحب وغیرہ اساتذہ کی

محنت سے آپ کے اعزاز میں ایک شعری نشست منعقد ہوئی جس میں طلبہ نے آپ ہی کا کلام بڑے خوبصورت لب ولہجہ میں پیش کیا، بھٹکل میں وہ اتنے خوش ہوئے کہ ایک ایک پرانے محلے اومسجد کا غور سے مشاہدہ کیا، اتنی اپنائیت کا اظہار کیا کہ ہمیں خجالت سی محسوس ہونے لگی، اپنی کتابیں بھی طلبہ میں بڑی مقدار میں مفت بانٹیں، یہاں ان کی مال و دولت سے بے نیازی، فقیرانہ قلندرانہ زندگی۔ عبادت و للّٰہیت میں مگن ایک ایسی شخصیت کا مشاہدہ سامنے آیا جسے بیان نہیں کیا جاسکا، خالص غزل کے لب لہجے کے عظیم شاعر کی ایسی پاکیزہ زندگی کسی اور شاعر میں پھر شاید ہی دیکھنے کو ملے، کلیم عاجز کے اٹھ جانے سے نہ صرف اردو دنیا کا ایک عظیم سرمایہ لٹ گیا ہے، بلکہ ایک ایسے اہل اللہ اور داعی سے بھی ہماری سرزمین خالی ہوگئی ہے، جن کی موجودگی اللہ کے بہت سے عذابوں سے حفاظت کا سبب بنتی ہے۔ اللہ ان کے درجات کو بلند کرے۔ آمین

Dr. Kalim Ahmed Ajiz, the last traditional noble poet from Azimabad. Essay: Abdul Mateen Muniri

***

۶

کیا زمانے گئے کیا لوگ زمانے سے گئے: حیدر آباد میں رود موسیٰ کی طغیانیاں

علامہ اعجاز فرخ

سن ۱۹۰۰ کی موسیٰ ندی

زبان، ملک اور تہذیب خواہ کوئی رہی ہو، داستاں سے دلچسپی انسانوں کو خوب مرغوب ہے۔ داستاں خواہ رزمیہ ہو یا المیہ کہیں نہ کہیں عشق کی کارفرمائی اور جلوہ آرائی ضرور محسوس ہوتی ہے کہ بہر حال سینے میں ایک دل تو ہے ہی اور کمبخت ہے بھی ایک ہی جو اپنی من مانی کرتا ہے۔ داستانوں سے دلچسپی اور شوق سماعت نے داستاں گو پیدا کئے اس ہنر نے انسانوں کی نفسیات کو احساس کی انگلیوں اور اس کی نازک پوروں سے ٹٹولا تو انہیں جزیروں میں قدرت کے جو مناظر نظر آئے انہیں کے درمیان قدموں کی چاپ کو محسوس کرکے، پگڈنڈیوں کے سہارے وہ محبت آشنا دلوں تک پہنچے اور یوں ہر زبان میں داستاں گوئی رواج پاگئی۔ داستاں گوئی کے عناصر کا تجزیہ ایک طویل مقالہ چاہتا ہے۔ لیکن کسی بھی داستان کو چن لیجئے اس میں کوہ، دریا، صحرا، نخلستان، قلعہ، محل، قبیلہ، جرگہ، طبقہ، دشمنی، رنجش، ہتھیار، جنگ، فتح، شکست، انتقام، رقابت، اُنس، الفت، محبت،

عشق، وارفتگی، سپردگی، بے خودی، ہشیاری، جرأت آزمائی، لگن، آرزوئے وصال، تپش فراق، فراق کے بعد وصل اور وصل کے بعد فراق اور سب سے آخر میں "نہ جنون رہا نہ خرد رہا جو رہی سو بے خبری رہی" باقی رہ جاتی ہے۔

صحرا اگر قیس سے آبرو مند ہو گیا تو کوہ گراں نے بھی تیشۂ فرہاد سے عزت پائی، سوہنی کے کچے مٹی کے گھڑے نے راوی کو موج موج کیا ورنہ تو وہ آب آب ہو جاتا۔ کرشن نے رادھا سے بے پناہ عشق کیا تو جمنا کے تٹ پر اور اسی جمنا کے کنارے شاہجہاں اور ممتاز محل کی یادگارِ محبت روشنی بکھیر رہی ہے۔ کہتے ہیں پونم کی رات کو جب تاج محل پورے چاند کی شب میں نہالیتا ہے تب اس کی روشنی آگرہ کے دریچوں کے روزن سے داخل ہو کر کسی کی پیشانی چوم لیتی ہے تو پھر کسی ارجمند بانو کی آنکھوں میں ٹوٹ کر چاہے جانے اور ممتاز محل کہلانے کا خواب جگمگا اٹھتا ہے۔

حیدرآباد کب کسی سے پیچھے رہا ہے اسے کب یہ منظور ہے کہ رودِ موسیٰ تو ہو اور داستانِ عشق نہ ہو۔

اگر جمنا کے تٹ اور کناروں پر داستانِ عشق رقم ہو تب رودِ موسیٰ کے کنارے شہر نہ بسے۔ داد محل، خداداد محل، نادی محل، چندن محل، لاکھن محل اور ساجن محل نہ ہوں تو بات کیا بنے۔ اور بات کیسے بنے اگر چنچلم کی رقاص دوشیزہ نہ ہو اور شہزادہ دل نہ ہار بیٹھے۔ رودِ موسیٰ کی طغیانی ہو، آرزوئے وصال ہو، چڑھی ہو ندی میں گھوڑا ڈال دے۔ موجیں گھوڑے اور سوار کو اچھال رہی ہوں۔ گھٹاٹوپ اندھیرے میں کبھی پیر سے رکاب چھوٹی جائے اور کبھی ہاتھ سے باگ چھوٹی جائے۔ نگاہیں منزل تلاش کر رہی ہوں۔ مینہہ یوں برسے کہ آج برسوں تو پھر نہ برسوں تاکہ سارے ولولے سرد ہو جائیں اور طوفان یوں آتشِ شوق کو ہوا دے کہ جس سے ندیا سر نہ ہو اس سے حسن کب سر ہو گا۔

چڑھتی ندی پر چڑھائی تو شیوۂ مردانہ ہے۔ بھلا اتری ندیا کیا اور اس کی پایابی کیا!

سنتے ہیں کہ عشق کے بنا تو حسن بھی ادھورا ہے کہ کوئی بنی زلف کو بگاڑنے والا نہ ہو تو سنورنا کیا اور آئینے سے پوچھنا کیا! اس لئے حسن نے بھی چراغ جلا رکھا تھا کہ کھوجنے والے کو منزل کا سراغ مل جائے۔ منافق ہوا، ادھر آتش شوق کو بڑھاوا دے تو ادھر چراغ بجھا دینے پر آمادہ۔ لیکن دونوں ہاتھوں کی نازک ہتھیلیوں نے چراغ کی لَو کو یوں پناہ میں رکھا تھا کہ ہتھیلیوں کے آبلے تو سوغات محبت ہیں ہی اس کی کسک میں بھی لذت ہے لیکن دلبری کا تقاضہ بھی ہے کہ ہوا اپنی سی کر کے دیکھ لے "یا آج یہ چراغ نہیں یا ہوا نہیں"۔

قلی قطب شاہ اور بھاگ متی کے عشق کی داستاں بھی خوشبوئے مشک کی طرح پھیلی ہوئی ہے اور صدیوں پر محیط ہے۔ ڈاکٹر محی الدین زورؔ نے اس پر سارا زورِ قلم صرف کیا ہے تو پروفیسر ہارون خاں شیروانی اس کو رد کرنے کے لئے دور کی کوڑی لانے میں مصروف ہیں۔ بعض ناقدین کا خیال ہے کہ قلی قطب شاہ کی عمر ۱۴ برس تھی۔ بھلا مسیں بھیگنے کی عمر میں یہ برساتیں یہ گھاتیں یہ ملاقاتیں؟ یہ تو مکتب میں پڑھنے لکھنے کی عمر ہے۔ تو دوسری طرف یہ بھی کہ مکتبِ عشق کا دستور نرالا دیکھا۔ اس کو چھٹی نہ ملی جس نے سبق یاد کیا۔ مشہور مورخ محمد قاسم فرشتہ بضد ہے کہ یہ شادی ہوئی تھی۔ اگرچیکہ بیجاپور کا یہ مورخ کبھی حیدرآباد آیا ہی نہیں۔ اکبر کے دربار کے مشہور شاعر فیضی نے شہنشاہ کے نام اپنے ورقیے میں یہ واقعہ لکھ کر روانہ کر دیا۔ ویسے شہزادہ نورالدین محمد سلیم کم و بیش اسی عمر میں ایک شادی کر چکا تھا اور مہرالنساء پر ڈورے ڈال رہا تھا۔ شہزادوں کے لڑکپن اور جوانی میں خوابوں کا جھٹپٹا نہیں ہوتا۔ صرف حکم کی تعمیل اور خواہش کی تکمیل ہوتی ہے۔ مورخین کی تگ و دو اپنی جگہ آرزوئے وصال اپنی جگہ۔ بھاگ متی حقیقت رہی

تو قطب شاہ کی کہانی رہی تو قطب شاہ کی اور کچھ ہو نہ ہو حیدرآباد شہر محبت تو کہلایا اور ہے بھی شہر محبت۔

اس شہر محبت میں رودِ موسیٰ مختلف حوالوں سے جانی جاتی ہے۔ شہر اس کے کنارے بسایا بھی اسی لئے گیا کہ اس کی فرحت افزا فضاء راس آئے۔ ساتھ ہی دواخانے بھی اسی کے کنارے تعمیر کئے گئے کہ مریض جلد شفایاب ہوں۔ یہ تو رودِ موسیٰ کا خوش کُن پہلو رہا لیکن اس کا قہر بھی ناقابل فراموش ہے۔

حیدرآباد کے قیام سے ۱۹۰۸ تک ۱۴ طغیانیوں کی تاریخ ملتی ہے لیکن ان میں اہم اور بڑی طغیانیاں قابلِ ذکر ہیں کہ پہلی طغیانی ۱۶۳۱ میں اس زور سے آئی کہ اس وقت کے لوگ اسے سب سے بڑی طغیانی کہتے تھے اور برسوں اس طغیانی کا تذکرہ چلتا رہا جس میں پانی پرانے پل کے اوپر سے بہہ رہا تھا اور پرانے پل کا ایک دروازہ ندی میں ایک تنکے کی طرح بہہ گیا۔ اس طغیانی نے نہ صرف آس پاس کے محلّوں کو برباد کیا بلکہ کئی عمارتیں نیست و نابود ہو گئیں۔ ندی کے کنارے آباد کئی دفاتر اس طغیانی میں بہہ گئے۔

ایک اور طغیانی اس کے ٹھیک ۲۰۰ برس بعد یعنی ۱۸۳۱ میں آئی۔ اس وقت تک شہر بھی وسعت اختیار کر چکا تھا۔ چادر گھاٹ کا پل زیر تعمیر تھا۔ یہ پل بہہ گیا اور پھر اس پل کی از سر نو تعمیر ہوئی۔ اس طغیانی میں عمارتوں سے زیادہ جانی اور مالی نقصان ہوا۔ اس کے ۲۷ برس بعد ۱۹۰۳ میں رودِ موسیٰ پھر غضبناک ہوئی۔ یہ طغیانی پچھلی طغیانیوں کی بہ نسبت کچھ کم ضرور تھی لیکن پھر بھی ۱۴۰۰ افراد لقمۂ اجل ہوئے اور سیکڑوں مکان برباد ہوگئے۔ اس کے بعد حکومت نے ندی کے قریب مکانات تعمیر کرنے کی اجازت نہیں دی۔

اتوار کا دن تھا ستمبر کی ۲۷ تاریخ تھی۔ صبح ہی سے گھنگور گھٹا چھائی ہوئی تھی لیکن

بارش کچھ ایسی زیادہ نہیں تھی۔ سہ پہر کے بعد بارش تیز ہوگئی گویا جھڑی لگ گئی۔ سواریاں افضل گنج کے پل سے گزر رہی تھیں۔ سطح آب بلند تو تھی لیکن غیر معمولی نہیں تھی۔ رات کوئی ایک بجے مہیب گڑگڑاہٹ کے بعد بادل وسیع رقبے میں پھٹ پڑا۔ بارش یوں تو تیروں کی بوچھار کی مانند تیز تھی ہی بادل پھٹ پڑنے سے ایسا لگا کہ بارش چادروں کی صورت برس رہی ہے۔ نالوں نے ندیوں کی صورت اختیار کرلی۔ تانڈور، وقارآباد، معین آباد اور اطراف کے دیہاتوں کے تالاب جب ان ریلوں کی تاب نہ لاسکے تو ان کے پُشتے ٹوٹ گئے۔ پھر تو دیکھتے دیکھتے پانی اونچا ہوتا چلا گیا۔

افضل گنج کا پل جسے آج نیا پل کہا جاتا ہے، یوں ٹوٹا گویا مٹی کا بنا ہوا تھا۔ سب سے پہلے کولسہ واڑی مکمل بہہ گئی پھر حسینی علم کے علاقے میں پانی در آیا۔ شہید گنج، چار محل، بدری الاوہ، انجی باغ، گھانسی میاں بازار، دارالشفاء، جامباغ، گولی گوڑہ، افضل گنج کا دواخانہ سب بہہ گئے۔

بہتے ہوئے مریضوں میں سے چند ایک کے ہاتھوں میں دواخانے کے چمن میں ایک درخت کی شاخیں آگئیں تو انھوں نے پیڑ کے اوپر پناہ لی۔ آج بھی یہ درخت اسی چمن میں موجود ہے اور اس طغیانی کا چشم دید گواہ بنا ہوا ہے۔

ندی کے شمالی حصے میں تقریباً ڈھائی کیلو میٹر اور جنوب میں کوئی ڈیڑھ کیلو میٹر تک ندی کا پاٹ بہہ رہا تھا۔ تین ہزار سے زیادہ افراد شہر پناہ کی دیوار کے ساتھ بنے پٹیلہ برج پر پناہ گزیں تھے۔ ندی کے بہاؤ کے ساتھ پٹیلہ برج ریت کے ٹیلے کی طرح ٹوٹ کر بکھر گیا اور آن واحد میں تین ہزار افراد کی آہ وزاری، چیخ و پکار اٹھی اور بس۔ پھر سناٹا ہو گیا۔ تین ہزار زندہ انسان گرداب کی نظر ہو گئے اور لاشیں بھی میسر نہ آسکیں۔

۱۹ ہزار سے زیادہ مکانات منہدم ہوگئے۔ ۱۵ ہزار سے زیادہ افراد آن واحد میں لقمۂ

اجل ہوگئے۔ ۸۰ ہزار سے زیادہ افراد خانماں برباد ہوگئے۔ آسمان ان کی چھت تھی، زمین پر وہ بے سہارا تھے۔ بچھڑ جانے والوں کا ماتم تھا۔ ہر خاندان گریاں تھا۔ آنکھ اشکبار تھی۔ کروڑوں روپیہ کا مالی نقصان الگ تھا۔ کسی کو کچھ سجھائی نہیں دے رہا تھا کہ کیا کریں س اور کہاں جائیں۔

یکایک بادشاہ وقت میر محبوب علی خاں معمولی کرتے پاجامے اور سلیپرز میں پرانی حویلی سے نکل پڑے۔ شور مچ گیا :

"بادشاہ سلامت خود عوام کے درمیان پہنچ رہے ہیں"۔

غم کے لمحات میں جب کوئی ہمدرد دکھائی دیتا ہے تو رکے ہوئے آنسو بھی بہہ نکلتے ہیں۔ لوگ بلک اُٹھے:

"سرکار میرا گھر لُٹ گیا، سرکار میرے بچّے بچھڑ گئے، سرکار ہم بے آسرا ہوگئے، ہم بے سہارا ہیں، ہمارے سر پر سائبان تک نہیں، فریاد ہے، سرکار فریاد ہے"۔

محبوب علی خاں کی آنکھوں سے آنسو بہہ نکلے۔ رعایا بڑی اپنائیت سے اپنا رنج و غم بیان کر رہی تھی۔ بادشاہ کو یوں دیکھ کر رعایا اور بے قرار ہوگئی۔

انہوں نے رندھی ہوئی آواز میں کہا:

"آپ فکر مند نہ ہوں۔ آپ کا یہ خادم حاضر ہے۔ میرا غریب خانہ آپ لوگوں کے لئے موجود ہے۔ اس میں بلا تکلف قیام فرمائیں"۔

انہوں نے مہاراجہ سے مخاطب ہو کر کہا:

"ہمارے تمام محل ہماری رعایا کے لئے کھول دیئے جائیں۔ پانچ مطبخ مسلمانوں کے لئے اور پانچ مطبخ ہندوؤں کے لئے اور ایک مطبخ ان پردہ دار خواتین کے لئے فوراً تیار کئے جائیں۔ سب کے لئے کپڑوں اور کمبل کا انتظام کیا جائے۔ تمام اطباء کو مامور کیا جائے کہ

ہمارے مہمانوں کے قیام ہی میں مطب کریں۔ تمام سرکاری دفاتر تا حکم ثانی بند کر دیئے جائیں۔ جملہ ملازمین سرکار کو رعایا کی خدمت پر مامور کیا جائے۔ ملازمین کو ایک مہینے کی تنخواہ جاری کر دی جائے۔ تمام عہدیداران اعلیٰ کو فی الفور طلب کیا جائے تاکہ بازآباد کاری کے انتظام و انصرام کا جائزہ لیا جائے۔"

پہلی مرتبہ بادشاہ نے یمین السلطنت کو تنبیہہ کی کہ:

"آپ خاص خیال رکھیں کہ ہمارے احکام میں کوئی تغافل یا تساہل نہ ہو"۔

مہاراجہ تعظیم میں جھک گئے۔ کہا:

"سرکار خاطر جمع رکھئے، یہ بندۂ بے دام خود سارے امور کا نگراں ہو گا"۔

ایسے میں ایک پنڈت نے آگے بڑھ کر بادشاہ کو نمسکار کیا اور آہستہ سے مہاراجہ کشن پرشاد سے کچھ کہا۔ مہاراجہ ساکت ہو گئے۔ مہاراجہ کو خاموش دیکھ کر بادشاہ سلامت نے پوچھا: "کوئی خاص بات؟"

"جی ظلِ الٰہی" پھر آگے بڑھ کر محبوب علی خاں سے کچھ کہا۔

محبوب علی خاں نے کشن پرشاد کو دیکھ کر کہا" خدائے قدوس ہماری نیت سے واقف ہے۔ ہم صرف اپنی رعایا کو خوش دیکھنا چاہتے ہیں۔ ہمیں منظور ہے"۔

اس طغیانی کو ۱۰۶ برس گزر گئے اب تو نئی نسل اس طغیانی کی تاریخ بھی نہیں جانتی۔ انہوں نے تو موسیٰ ندی میں پانی کی روانی ہی نہیں دیکھی وہ تو موسیٰ ندی کو شہر کی غلاظتوں کا جوہڑ سمجھتے ہیں اور اسی غلاظت کی جوہڑ میں بنے ہوئے ربر ڈیم کو اپنی حکومت کا کارنامہ بیان کرتے ہیں۔ صبح کی سیر کے لئے ندی میں بنے ہوئے چبوتروں پر چہل قدمی کر کے اس جوہڑ سے اٹھتے ہوئے تعفن میں گہری سانس لے کر اسے اپنے پھیپھڑوں میں سمیٹتے ہیں اور پھر اسکوٹر پر بیٹھ کر ترقی کے گن گاتے ہوئے نکل پڑتے ہیں۔

ایک وہ فرسودہ اور کہنہ روایات کا دور تھا۔ شہر کو آفات سماوی نے آن گھیرا تو بادشاہ پیادہ پا نکل پڑتے تھے نہ لاؤ لشکر، نہ تام جھام، نہ حفاظتی بندوبست، نہ لفظی تسکین، نہ ہیلی کوپٹر اور ہوائی جہاز میں سیلاب زدہ علاقوں کا دورہ۔ بھلا یہ کوئی بات ہوئی کہ اپنے محل رعایا کے لئے کھول دیئے جائیں۔ آخر کو پسماندہ دور تھا نا۔

میں ٹھہرا اسی فرسودہ دور کا پروردہ اور کہنہ روایات کا امین، مجھے تو حال ہی میں جب کرنول میں سیلاب آیا تھا تب پتہ چلا کہ وزیرِ اعلیٰ سے جب ہیلی کوپٹر کے ذریعہ کرنول کے دورہ کے انتظامات کے لئے دریافت کیا گیا تو چند ہی دن پہلے ہونے والے ہیلی کوپٹر کے حادثہ میں گذشتہ وزیر اعلیٰ کے جاں بحق ہونے کو یاد کر کے، جانشین وزیر اعلیٰ نے اپنے منڈھے ہوئے سر پر دو مرتبہ ہاتھ پھیرا اور کندھے پر پڑے ہوئے رومال سے دو مرتبہ گردن جھاڑی اور خشمگیں نگاہوں سے مشورہ دینے والے کو یوں دیکھا کہ گویا اس نے رعایا پرسی کی بجائے پروانۂ موت کی یاد دلادی ہو۔ اس کے بعد مخاطب ہو کر کہا:

"میں نے اس سے بڑے سیلاب اور طوفان دیکھے ہیں۔ سیلاب اور طوفان صرف سیاسی ہوتے ہیں بس ان کو نمٹنے کی صلاحیت ہونی چاہئے۔ یہ طوفان تو سویم بھگوان کے بھیجے ہوئے ہیں اور خود اوپر والا ہی یہ چاہتا ہے کہ جنتا پر یہ سب گزر جائے تو اس میں حکومت کیا کر سکتی ہے۔"

اس کے فوراً بعد انہوں نے کابینی مشاورتی میٹنگ طلب کی۔ سنتے ہیں کابینی مشاورت کئی دن جاری رہی۔ اس بیچ غیر سیاسی فلاحی اداروں نے امدادی اور راحت کاری کے کام انجام دیئے۔ آخر میں حکومت نے مرکز سے امداد طلب کی۔ میں تو نہیں جانتا کہ مرکز سے کیا امداد آئی۔ کس مد میں آئی، کہاں خرچ ہوئی۔ یہ ضرور ہوا کہ جہاں جہاں تک پانی پہنچا تھا وہاں محکمہ تعمیرات نے HFL کے پتھر نصب کر دیئے۔

شام کے وقت کبھی میری طبیعت بہت گھبراتی ہے تو موسیٰ ندی کے کنارے بنے ہوئے برج میں کھڑا ہو کر ڈوبتے ہوئے سورج کو دیکھتا ہوں تو اچانک مجھے یاد آتا ہے کہ اسی ندی کی طغیانیوں میں ہزاروں گھر اُجڑے، پھر کسی معصوم بچی کی چیخ سنائی دیتی ہے اور ساتھ ہی ڈوبتے ہوئے لوگ۔ ایسے میں ہزاروں مرثیوں کے درمیان امجد حیدرآبادی کے اُجڑ جانے کی خونچکاں داستان۔ میر محبوب علی خاں کی رعایا سے بے پناہ محبت، تو سوچتا ہوں۔

راکھ الاو کی جنگل کی یہ بکھری ہوئی شام
کیا زمانے گئے کیا لوگ زمانے سے گئے

The history of Hyderabad Deccan's Musi River Flooding in 1908. Essay: Aijaz Farruq

***

۷

مظہر مہدی: شاعرِ لاانتہا

سید معظم راز

بیسویں صدی کے اواخر میں شہر دکن حیدرآباد کے ادبی افق پر جدید شعراء و ادیبوں پر مشتمل سب سے فعال تنظیم حیدرآباد لٹریری فورم (حلف) کے جمیع اراکین اور راقم الحروف میں یوں تو مکمل ایک نسل کا عمری تفاوت حائل رہا ہے، اس حقیقت کے باوجود خوش نصیبی و خوش بختی سے میری حیات کا بیشتر حصہ مثلاً نو عمری، لڑکپن وغیرہ کا دور اگر ان شعراء کے قریب بسر ہوا ہے تو نوجوانی کا بڑا حصہ کم سنی میں سماعت سے مکمل محرومی کے باوجود حلف کے ادبی اجلاسوں میں تواتر سے شرکت اور سماعت سے پرے مشاہدات سے مزین تر بھی رہا ہے۔

ان ادبی اجلاسوں میں پیش کی گئی تخلیقات پر تبصروں اور مکمل روداد پر مشتمل رپورٹوں کی بعد ازاں دلچسپی سے مطالعہ، نے گزرتے وقت کے ساتھ میری ذہنی سطح کو جدیدیت سے ہم آہنگی بھی بھرپور انداز میں عطا کی ہے۔ گویا والد ماجد (رؤف خلش) کے الفاظ میں :

یہ انگ انگ میں بھر بھر کے کس نے ڈالی آگ
سلگ رہے تھے بدن، آگ سے لگالی آگ

مجھے یاد پڑتا ہے کہ ابتداء میں ادبی موضوعات سے ہٹ کر میری دلچسپی جدیدیت سے وابستہ تحریک کے ادیبوں و شاعروں کے درمیان آپسی رشتوں اور یکساں ناموں کی تلاش میں بھی رہا کرتی تھی۔ مجھے اکثر خوشگوار سی حیرت ہوا کرتی تھی کہ اس وقت کے ادبی منظر نامے پر کم از کم چار ماموں و بھانجے کی جوڑیاں نمایاں رہی تھیں۔

عاتق شاہ و غیاث متین، عالم خوندمیری و مظہر مہدی، ساجد اعظم و اعظم راہی اور صلاح الدین نیر و علی الدین نوید وغیرہ۔ یہ وہ ادیب و شعراء ہیں جن سے ذاتی طور پر ان کی شخصیت کے علاوہ ادبی حیثیت سے بھی ابتداء ہی سے میں کماحقہ واقفیت رکھتا ہوں۔ ساتھ ہی یہاں اس بات کا تذکرہ بھی بیجا نہ ہو گا کہ اس وقت کے ادبی افق پر کئی ایک "ہم نام" ادیب و شاعر جیسے رؤف خلش و رؤف خیر، غیاث صدیقی و غیاث متین، مظہر الزماں و مظہر مہدی وغیرہ بیک وقت خاصے فعال رہے ہیں۔ آخر الذکر دو نام اس لئے بھی حافظے میں اکثر تر و تازہ رہے ہیں کہ جہاں مظہر الزماں خان نے تجریدی افسانوں سے اپنی شناخت بنائی وہیں مظہر مہدی کو نثری شاعری کے حوالے سے پہچان ملی۔

والد ماجد (رؤف خلش) اور ہمارے تاریخی بنگلے "داؤد منزل" واقع جدید ملک پیٹ، حیدرآباد کے حوالے سے غیاث متین، مظہر مہدی، اعظم راہی اور علی الدین نوید صاحبان کے ساتھ تعلق تو ہمیشہ ہی رہا ہے۔ اپنے تجربات و مشاہدات کے مطابق مجھے یہ لکھنے میں تامل نہیں کہ مشہور مقولے "ہر کامیاب مرد کے پیچھے ایک خاتون کا ہاتھ ہوتا ہے" کی مماثلت میں میرا ایقان اس بات پر بھی رہا ہے کہ "ہر تنظیم کی کامیابی کے پیچھے ایک معتمدِ انتظامی کا ہاتھ ہوتا ہے"۔ اس ضمن میں، میں یہاں برملا حلف کے لئے ایک طویل مدت تک "معتمدِ انتظامیہ" کے فرائض انجام دینے والی بے حد فعال و حرکیاتی شخصیت "مظہر مہدی" کا نام لکھنا پسند کروں گا۔

تنظیم کے بانی اراکین میں سے ایک، پروفیسر غیاث متین، حلف سے اپنی شدید وابستگی و قلبی لگاؤ کے زیر اثر "اراکین حلف" کو اکثر "حلفئے" اور ازراہ تفنن طبع "حلف کے ناخلف" بھی کہا کرتے تھے۔ جہاں "حلف" اور اس کے فعال انتظامی معتمد مظہر مہدی کا ذکر ہو وہیں جواں مرگ، مشہور افسانہ نگار "انور رشید" کا ذکر نہ کرنا ناانصافی ہوگی۔

"حلف" سے وابستہ اس جواں سال افسانہ نگار کے افسانوں کا پہلا مجموعہ "مسلخ میں بھیڑوں کا ماتم" گذشتہ صدی کی آٹھویں دہائی کے آغاز میں شائع ہو کر بے انتہا مقبولیت حاصل کر چکا تھا اور ایسے وقت جبکہ ۱۹۸۴ء میں افسانوں و ڈرامے پر مشتمل دوسرا مجموعہ زیر اشاعت تھا وہ خود خالق حقیقی سے جا ملے۔ مرحوم انور رشید کے اس دوسرے افسانوی مجموعے کو ادارہء "حلف" نے خود پر بطور قرض سمجھتے ہوئے ۲۰۰۸ء میں یعنی قریب ربع صدی بعد سہی بعنوان "پھر گرفتار ہوئے" کے عنوان سے منظر عام پر لایا۔ ان دنوں جدید لب و لہجہ کے ممتاز شاعر علی ظہیر، حلف کے صدر، پروفیسر بیگ احساس، معتمد خاص اور مظہر مہدی معتمد انتظامی ہوا کرتے تھے۔

بہر حال طویل عرصے بعد سہی انور رشید کے باقی ماندہ تاریخی افسانوں و ڈرامہ کو اردو فکشن کا حصہ بنانے میں حلف اور بطور خاص مظہر مہدی کی انتظامی تگ و دو واقعی قابل قدر اور یاد رکھے جانے کے قابل ہے۔ مظہر مہدی کی اب تک جملہ (۶) تصنیفات بشمول تین شعری مجموعہ کلام شائع ہو کر مقبولیت حاصل کر چکے ہیں:

۱۔ "لاانتہا" ۱۹۸۲ء

۲۔ "ارضِ بے پیغمبر" ۱۹۹۴ء

۳۔ "بودلیر کی نظمیں" ۱۹۹۸ء

۴۔ آزادی کے بعد اردو غزل: ایک انتخاب (مرتبین: شمس الرحمٰن فاروقی و مظہر

مہدی) ۲۰۰۹ء

۵۔ آزادی کے بعد اردو نظم: ایک انتخاب (مرتبین: پروفیسر شمیم حنفی و مظہر مہدی)

۶۔اردو دانش وروں کے سیاسی میلانات -نو آبادیاتی ہندوستان(۱۸۵۷-۱۹۱۴ء)

ان کا تیسرا مجموعہ کلام جو فرانسیسی شاعر چارلس بودلیر کی نظموں کے اردو ترجمے پر مشتمل ہے، چارلس بودلیر وہی شاعر ہے جس نے مشرقی و مغربی ادب میں سب سے پہلے جدیدیت کے حوالے سے "نثری نظم" کے فارم کو اپنایا تھا۔ مظہر مہدی کی اس تخلیق "بودلیر کی نظمیں" سے قبل ممتاز ادیب و شاعر عزیز احمد کی تصنیف "دانتے کا طربیہ خداوندی" میرے مطالعے میں رہ چکی تھی۔ بودلیر کی کل (۶۰) فرانسیسی نظموں کے اردو تراجم کے مطالعے سے واقعی جدید طرز بیان سے قاری روشناس ہونے کے ساتھ تخلیقی اظہار کی خوبصورتی و الفاظ کے انتخاب سے پیدا ہونے والی نغمگی سے بھی بخوبی آگاہ ہوتا ہے۔

مختلف زبانوں سے ترجمہ شدہ شاعری چونکہ ایک علحدہ موضوع ہے، اسے کسی دوسرے مضمون کے لئے اٹھا رکھتے ہوئے اختصار کی خاطر اس مضمون میں مظہر مہدی کی شاعری پر اپنے تاثرات و محسوسات کا دائرہ ان کے ابتدائی دو مجموعہ ہائے کلام تک محدود رکھنے کی کوشش کی جائے گی۔

مظہر مہدی کا "نثری نظم" کے تئیں جدید تخلیقی اظہار ہمیشہ مجھ جیسے قاری کے نزدیک ان کی بہترین تنظیمی صلاحیتوں کے علاوہ باعث توقیر رہا ہے۔ سچ تو یہ ہے کہ اس عہد کے تقریباً شعراء کرام نے نثری نظم کے فارم کو اپنایا۔ میرے مطالعے کی حد تک جدیدیت سے وابستہ حلف کے شعراء میں اعظم راہی کے بعد درحقیقت مظہر مہدی کی

شاعری نے "نثری نظم" کی صنف کو نئی جہت عطا کی۔

بیسویں صدی کے آخری دہوں میں نظم، بھلے ہی پابند ہو کہ معریٰ یا نثری، اس کے فارم کے حوالے سے اتنا کچھ کہا، لکھا جا چکا ہے کہ یہاں اس کے دوبارہ ذکر کی ضرورت نہیں۔ مظہر مہدی بالکلیہ نثری نظم کے شاعر رہے ہیں۔ ان کی نثری نظمیں اپنی سیدھے و رواں بیانیہ اسلوب، سچے، واضح الفاظ سے تراشیدہ پیکر (مختصر ہوں کہ طویل) کے سبب کامیاب تخلیقی اظہار کا بہتر نمونہ نظر آتی ہیں۔ شاعر کا اپنی زندگی کے تئیں، تلخ تجربات و مشاہدات کے زیر اثر، گرم جذبات و احساسات کو دبائے رکھ کر تخلیق شدہ کلام جن میں بطور خاص "ایک سانس کی نظمیں" کے عنوان سے کہی گئی سبھی مختصر نظمیں، اپنے قاری و سامع کو بے ساختہ روح کی گہرائیوں میں اترتی سی محسوس ہوتی ہیں۔

پہلے مجموعہ ہائے کلام "لا انتہا۔۔۔" کی اولین نظم، باپ کا سایہ سر سے اٹھ جانے کے ذاتی المیے کو کائناتی یعنی "ایک دور کا خاتمہ و ایک نئے دور کے آغاز" کی نقیب بنانے والی یہ تخلیق اپنے قاری کو واقعی چونکانے والی ہے۔

نظم بعنوان "والد مرحوم کی یاد میں" ملاحظہ ہو:

وہ ساعت، وہ گھڑی
کیسی تھی
بے بسی تکتی رہی
بس کے پہیئے گھومتے رہے
ایک حیات رک گئی
ایک لفظ میری زبان سے کھو گیا
آپ کی آنکھیں کھلی تھیں جب میری آنکھیں بند

آپ کی آنکھیں بند ہوئیں
میری آنکھیں کھل گئیں

مجھے کچھ عادت سی ہے کہ میں کسی بھی جدید لب و لہجے کے حامل شاعر کو پڑھوں تو سب سے پہلے اس کی شاعری میں تخلیقی اظہار کے تئیں "خودداری" یعنی "اَنا" اور فلسفہ "فنا" و "بقا" کے حوالے سے اسے جاننے کی کوشش کروں۔ مظہر مہدی کے پہلے شعری مجموعے کے ابتداء ہی میں دو نظمیں ایک ہی عنوان یعنی "سلف پورٹریٹ" کے عنوان سے شامل ہیں، محض پہچان کی خاطر انھیں (۱)اور(۲)عدد سے نوازا گیا ہے۔

زندگی کے تئیں نت نئے دکھ، درد اور ان سے پیدا ہونے والے کرب کو صبر و ضبط کے ساتھ جھیلتے رہنے کے درمیان بکھرتی ٹوٹتی "اَنا" کو نظم "سلف پورٹریٹ (۲)" کی آخری پانچ سطروں میں بخوبی محسوس کیا جاسکتا ہے:

وہ ایک ایسی دنیا میں بستا ہے
جس میں اس کی "اَنا" ہی نے
اس کو مار ڈالا ہے
یہ چہرہ میرا نہیں
پھر بھی میرا اپنا ہے!

گذشتہ دو ڈھائی دہوں کے عرصے میں نظم کے فارم میں سہ سطری، دو سطری اور ایک سطری نظموں کے حوالے سے کئے گئے بیشتر تجربات سے پرے مظہر مہدی کے ہاں "ایک سانس کی نظمیں" کے فارم میں تجریدی طور پر کہی گئی مختصر نظموں میں بھرپور شعری اظہار بخوبی محسوس کیا جاسکتا ہے۔ "ایک سانس کی نظمیں" کے عنوان سے کہی گئی کچھ نظمیں ملاحظہ ہوں:

☆ خدا نے میری / کُل آرزوؤں تمناؤں کو / مقسوم سے تقسیم کر کے / خارجِ قسمت لکھ دیا

☆ میں نے دیکھی ہیں / کچھ ایسی شامیں / جن کی سحر نہ تھی

☆ عذاب کا / نجات کا / دوسرا نام / خدا ہے

☆ کتنے ٹوٹے ہوئے / اقدار کے تم پاسبان ہو / یہ وہ کشتی ہے / جو پار اترتی بھی نہیں / ڈوبتی بھی نہیں

☆ ایک عرصے سے / زمین و آسمان / ملنے کے لئے / بے تاب ہیں

☆ مویشیوں کی گھاس / چر گئے / گاؤں کے گاؤں

☆ تاریکی کے بدن پر / ایک دھبّہ / روشنی ہے

☆ زندگی کی پیٹھ پر / موت / لکھا ہوا ہے

☆ تیری دید کی / چاہت میں / کچھ ایسے اندھے ہو گئے / سارا بدن / آنکھ بن گیا

"وراثت" کے موضوع پر یعنی اپنے پیچھے چھوڑ جانے والے اثاثے کے ضمن میں تقریباً سبھی ہم عصر شعراء کے ہاں نظمیں ملیں گی، مگر مظہر مہدی نے جس انداز میں اسے برتا ہے اسے مختصر سی نظم "ترکہ" میں ملاحظہ ہو:

آنے والی نسلوں کے لئے / ہم چھوڑ جاتے ہیں / ناکامیاں، مایوسیاں / خوشیاں اور وہ ان دیکھی خواہشیں / جن سے گذرنے کی آرزو میں / ہم گذر گئے

دوسرے مجموعہ کلام "ارضِ بے پیغمبر" میں مظہر مہدی نے قدرت کی اس کڑوی حقیقت کہ " فنا " ہی " بقا " ہے کا جن معنوں میں اعتراف کیا ہے اسے نظم " فنا کو راستہ دکھلانے " میں ملاحظہ ہو:

شاید / بقا کی دہلیز پر / ہم / ہوا کے ہاتھوں میں فنا کو راستہ دکھلانے / چھوٹے

چھوٹے / چراغ ہیں

جواں مرگ مشہور افسانہ نگار انور رشید کی رحلت پر ان کے ہم عصر تقریباً سبھی شعراء نے خراج عقیدت ادا کیا ہے۔ مظہر مہدی کے ہاں نظم بعنوان "انور رشید" ملاحظہ ہو:

وہ ایک شخص / شخص نہیں تھا / وہ تو بس اک کردار تھا / اسٹیج پر / خود سے ٹکراتا موت جی رہا تھا / حیات پی رہا تھا / قطرہ قطرہ مر رہا تھا / اک عالم سے بے پروا کرب سے وابستہ / کردار بنے رہنا / مشکل ہے کتنا

شہر دکن حیدرآباد کے رجحان ساز جریدے "صبا" کے مدیر "سلیمان اریب" کی مرض کینسر جیسے مہلک مرض میں مرگ ناگہانی پر اریب کی شخصیت، مرض اوران کے شعری انتخابِ کلام "کڑوی خوشبو" کے حوالے سے مظہر مہدی کے جذبات واحساسات نظم بعنوان "اریب" ملاحظہ ہو:

وہ ایک آواز / جس کی صداقت / دن کی مانند / جس کا صلہ / گلے کی خراش سچ کی کڑوی خوشبو / لیکن اب پیتھڈن ہے / سنا ہے اس نے جھوٹ کے منہ پر تھوک دیا / اور اب / سچ کی طرح خاموش ہے

مظہر مہدی کی اچانک رحلت پر برادرِ کلاں ممتاز افسانہ نگار اور آن لائن نیوز پورٹل "تعمیر نیوز" کے بانی سید مکرم نیاز نے مایوسی کا اظہار کیا ہے کہ "نثری نظم" کے حوالے سے شہر دکن حیدرآباد ہی میں مظہر مہدی کو فراموش کر دیا گیا ہے۔ میں سمجھتا ہوں کہ اس شاعرِ "لاانتہا۔۔" کے شعری وادبی سرمائے کو پسماندگان کی اجازت سے سائبر دنیا میں اگر روشناس کروایا جائے تو ایسی کسی شکایت کی گنجائش نہ رہے گی۔ میرے خیال سے اگر مظہر مہدی بقید حیات ہوتے تو بہ الفاظ رؤف خلش، اپنے قاری و سامع سے یوں

مخاطب ہوتے:

کہاں چلے گئے جو مجھ کو سننے والے تھے
زبان رکھ کے بھی پھرتا ہوں بے نوا کی طرح

Mazhar Mehdi, a Hyderabad poet of Modernism era. Essay: Syed Moazzam Raaz

***

۸

رفیع احمد قدوائی : ایک عظیم انسان

طارق غازی

انسانی عظمت بڑی عجیب حقیقت ہے۔ بارہاناواقفیت یا تعصب کی وجہ سے عظیم انسانوں کا تعارف ہی نہیں ہو پاتا۔ اور اکثر بڑے عام سے آدمی عظیم انسانوں میں شمار کر لئے جاتے ہیں اور پھر لوگ اسی غلط فرہمی میں مبتلا رہتے ہیں کہ وہ کسی عظیم انسان سے متعارف ہیں یا اس کا نام جانتے ہیں۔ دیکھنے میں یہ بھی آتا ہے کہ بعض لوگ صرف اس لئے عظمت کے کسی منصب کے مستحق نہیں گردانے گئے کہ وہ تاریخ کے کسی غلط موڑ پر کسی غلط انسانی گروہ میں پیدا ہو گئے تھے۔ اب اس پر ان بے چاروں کا تو کوئی بس نہیں چلتا ۔ پھر بھی جتنا ان کا بس چلتا تھا وہاں انہوں نے کچھ جواں مردی، کچھ دانشمندی کا مظاہرہ بھی کیا تھا؛ مگر پھر وہ کسی کی سمجھ ہی میں نہ آئے یا ناشکرے گروہوں نے انہیں یوں نظر انداز کر دیا جیسے چلتی ریل کے سامنے آنے والا کوئی پہاڑی جھرنا اپنے حسن اور دلکشی کے باوجود یاد نہیں رہتا۔

مجھے ایک ایسا ہی بڑا آدمی آج یاد آگیا جو تاریخ کے مذاق کے قابل بھی نہیں رہ سکا تھا۔ چنانچہ گزشتہ نصف صدی سے انسانی دماغوں کی بھول بھلیاں میں وہ یوں گم ہے کہ وہاں سے اسے نکالنے والے بھی ناپید ہو گئے۔

جو شخص آج مجھے یاد آیا ہے وہ ایک قدوائی تھا۔

شمالی ہندستان میں بارہ بنکی کے قریب موضع مسولی کا رہنے والا تھا۔ مگر کچھ لوگوں کی یہ رائے سننے میں آئی کہ مسولی والے قدوائی کچھ اعلی درجہ کے قدوائی نہیں ہوتے۔ ایسی بات سنی تو مجھے حیرت ہوئی کہ قدوائیوں میں بھی کچھ ویسا ہی فرق ہوتا ہے کیا جیسا بابو راجندر پرشاد اور بابو جگجیون رام میں تھا۔ مگر پھر یاد آیا کہ میں جس ادنیٰ درجہ کے قدوائی کی بات کر رہا ہوں وہ قدوائیوں میں ہی کیا دیگر انسانوں میں بھی بہت بلند مرتبہ شخص تھا، اگرچہ جان جثہ سے وہ کچھ بہت قد آور شخصیت نہ ہو۔ ویسے میں قدوائیوں میں ادنی اور اعلی کا فرق کرنے کا اہل نہیں ہوں کیونکہ اول تو میں زندگی میں ایک قدوائی سے علی گڑھ میں ، اور دوسری قدوائی سے کلکتہ میں، تھوڑی دیر کے لئے ملا تھا اور دوسرے میرے خیال میں ہر قدوائی اچھا قدوائی اور اچھا انسان ہوتا ہے۔

جس قدوائی کا تذکرہ آج مقصود ہے میں اس سے زندگی میں کبھی نہیں ملا تھا، اس لئے مجھے پتہ نہیں کہ قدوائی اگر مسولی میں پیدا ہو جائے تو اس کا سماجی درجہ کیوں گر جاتا ہے۔ تاہم میرے نزدیک فیصلہ کن حقیقت مسولی نہیں، خود انسان ہوتا ہے جسے اللہ نے ہر حال میں مکرم اور عزت مند بنایا اور پیدا کیا ہے، خواہ وہ زندگی میں اپنے خالق کا باغی ہی کیوں نہ رہے۔ پھر یہ مذکورہ قدوائی تو اللہ کا باغی بھی نہیں تھا۔

تو چلو ہو گا ادنی درجہ کا قدوائی مگر سچ یہ ہے کہ وہ انسان بہت عظیم تھا۔ اور جس قسم کا انسان تھا ویسے لوگ محاورتاً نہیں واقعتاً مدتوں بعد پیدا ہوتے ہیں اور اسی لئے لوگوں کی نظروں سے اوجھل رہ جاتے ہیں کہ ہم ادنی درجہ کے انسان ان قدوائی قسم کے انسانوں کے عادی ہی نہیں ہوتے اس لئے انہیں اپنی انسان فراموشی کی دوچھتی میں ڈال کر بھول جاتے ہیں۔ پہچان بھی تو نہیں پاتے۔

انسان فراموشی کی اسی دوچھتی میں پڑا ہوا وہ یکتا انسان آدمیوں کی بستی میں رفیع احمد قدوائی کہلاتا تھا۔

میں رفیع احمد قدوائی صاحب سے کبھی نہیں مل سکا تھا۔ ابتدائی طالب علمی کے زمانہ میں ان کے تعلق سے میری معلومات اور رائے بھی بس اس قدر تھی کہ وہ بھی جواہر لال نہرو کی کابینہ کے ایک رکن تھے۔ اور بس۔ اب یہ تو کوئی قابل ذکر بات نہیں۔ یہ تو سچ ہے کہ آدمی جب وزیر ہوتا ہے تو کچھ اُلل بچھیرے قسم کے لوگ ان کے ساتھ تصویر اتروانا باعث عزت سمجھتے ہیں، مگر کسی کابینہ میں وزارت بجائے خود عظمت کا پروانہ نہیں ہوتی۔ عام وزارت تو در کنار، وزارت عظمیٰ بھی آدمی کو عظیم نہیں بناتی۔ دنیا کے بے شمار وزرائے اعظم انسانوں کی دنیا میں ویسے ہی غیر معروف ہیں جیسے آج رفیع احمد قدوائی ہوگئے ہیں۔ تو یہ بھی کس نے کہا کہ ہمارا عرفان اور اعتراف کسی انسان کی بڑائی کی دلیل ہوتا ہے۔ ہم میں سے کتنے لوگ جانتے ہیں کہ حمورابی، سارجون اور ابن عربی کون تھے؟ تو کیا صرف اس وجہ سے ان لوگوں کو ادنی درجہ کے انسان قرار دے کے رد کر دیا جائے گا کہ ہم تو انہیں جانتے ہی نہیں؟ آج تک تو کوئی ایسی جرأت نہیں کر سکا اگرچہ سارجون ۴۲۰۰ سال پہلے، حمورابی ۳۷۰۰ سال پہلے اور ابن عربی ۸۰۰ سال پہلے اس دنیا کے باشندے تھے اور اتنی مدتیں گزرنے کے باوجود بدستور عظیم ہی مانے جاتے ہیں۔

میں نہیں جانتا رفیع احمد قدوائی ان میں سے کس سے برتر، کس کے برابر، کس سے کمتر تھے۔ پھر بڑے آدمی ایسی مفروضہ ترجیحات سے تو بہرحال بلند ہوتے ہیں، کیونکہ وہ اولمپک جیسے نقلی تمغوں کے لئے تھوڑی دوڑ نگیاں لگاتے پھرتے ہیں۔ یہ لوگ تو خون جگر سے اس دنیا کی تصویر میں رنگ گل بھرتے ہیں اور اس دنیا سے اپنے خون جگر کا معاوضہ بھی نہیں مانگتے۔ اب یہ تو بے غرض انسانوں کی خصوصیت ہوئی، اولمپک کا اسراف جان و

مال نہیں۔

رفیع احمد قدوئی کے بارے میں میری معلومات ثانوی ذرائع سے حاصل کردہ ہیں۔ ذرائع بھی کیا، بس ایک ذریعہ تھا۔ اور وہ ذریعہ میرے لئے ثانوی تھا، مگر قدوائی صاحب کے معاملہ میں ان سے زیادہ قابل اعتماد شائد ہی کوئی اور ہو۔

احمد پھوپا ان دنوں پاکستان جانے کی تیاری کر رہے تھے۔ وہ انجنئر سلیمان جیسے نابغۂ روزگار شخص کے داماد تھے۔ خود بھی بڑے دولت مند خاندان کے چشم و چراغ تھے۔ مزاج بڑا شاہانہ تھا۔ طبیعت میں نفاست تھی۔ پھوکے پھوکے بات کرتے تھے۔ یوں لگتا تھا جیسے مرمرے کھا رہے ہوں اور انہی مرمروں سے گزر کر الفاظ نازل ہو رہے ہوں۔ ان دنوں ان کا کوئی کام سرکار سے پڑ گیا۔ وہ بیچارے سرکار دربار کے آدمی نہیں تھے۔ اپنی ایک چھوٹی سی دنیا تھی جو ۱۹۴۷ میں لٹ گئی تھی۔ وہ ۱۹۴۷ کے حادثات کا سبب نہیں تھے، مگر ایک نتیجہ ضرور تھے۔ ان دنوں بمبئی مرارجی بھائی دیسائی کی قلمرو میں تھی جہاں انہوں نے کچھ گڑھے بھی کھود رکھے تھے تاکہ کوئی شرارت کرے تو دھم سے اس کی گاڑی کا پہیہ کسی گڑھے میں اتار دیں۔ کے کھودے ہوئے ایک گڑھے میں احمد پھوپا کی گاڑی کا پہیہ اتر گیا تھا۔ سرکاری کھانچے میں اٹکا ہو پہیہ نکلوانے کے لئے وہ اباجان، مولانا حامد الانصاری غازی، کے پاس آئے۔

کیوں نہیں؛ چٹکی بجاتے کام ہو جائے گا۔ اباجان نے ان کو اطمینان دلایا۔ دو ایک دن میں قدوائی صاحب ایک ذاتی دورے پر بمبئی آرہے ہیں۔ ان کے پاس آپ کو لے چلیں گے۔ بس سمجھئے کام ہو گیا۔

احمد پھوپا خاموش رہے۔ کچھ بولے نہیں۔ ان کے چہرے پر تشویش کے رنگ باقی رہے۔

قدوائی صاحب کا وہ دورہ کچھ خفیہ نوعیت کا تھا۔ سوائے چند قریبی لوگوں کے کسی کو ان کی آمد و قیام کا علم نہ تھا۔ ایسی حرکتیں وہ اکثر کرتے رہتے تھے۔ والکیشور پر راج بھون کے بجائے شہر سے میلوں دور پوائی جھیل کے پاس جمنالال بجاج کے تفریحی بنگلہ میں ان کا قیام تھا۔ وہیں اباجان احمد پھوپا کو لے کر پہنچے۔ قدوائی صاحب کو پہلے سے اس آمد کی اطلاع دی جاچکی تھی۔ خادم نے خبر کی تو وہ بجاج سیٹھ کے جھونپڑے سے باہر نکل آئے اور درختوں کی آڑ میں چھپتے ہوئے احمد پھوپا کو مخاطب کر کے بولے:

یہ کون آدمی ہے جو درختوں کے پیچھے مجھ سے چھپتا پھر رہا ہے۔ ارے، یہ تو عبدالرحیم ہے۔ اور پھر بچوں کی طرح دوڑ کر کر احمد پھوپا کو جا پکڑا۔ ان کا پورا نام عبدالرحیم احمد تھا، عزیزوں میں احمد بھائی کے نام سے پکارے جاتے تھے۔ ہم انہیں احمد پھوپا کہتے تھے۔ قدوائی صاحب کے لئے وہ عبدالرحیم تھے۔ وہ دونوں بغل گیر ہو گئے۔

وہ دن بھول گئے جب ہوسٹل میں شرارتیں کر کے تو کبھی شرمندہ نہ ہوتے تھے۔ اب مجھ سے منہ چھپاتے پھر رہے ہو!

اور تم کو وہ دن یاد نہیں جب میری شیروانی پہن کر شہر جایا کرتے تھے اور اس کی جیب میں پڑے ہوئے سارے پیسے جب تک ختم نہ کر لیتے لوٹنے کا نام نہیں لیتے تھے؟

اباجان حیران تھے کہ تعارف کس کا کرائیں کس سے کرائیں۔ یہ دونوں تو لڑکپن کے یار نکلے۔ یہ سارا واقعہ احمد پھوپا نے وہاں سے واپس آنے کے بعد بڑے مزے لے کر مجھے سنایا تھا۔

قدوائی صاحب آپ کے دوست ہیں؟

ہاں بیٹے۔ ہندستان اور پاکستان کا کون بڑا آدمی ہے جس نے علی گڑھ سے بی۔ اے۔ کیا ہو اور وہ میرا ہم جماعت یا روم پارٹنر نہ رہا ہو۔ رفیع اور میں ہوسٹل کے ایک ہی کمرہ میں

رہتے تھے۔ اسے جب پیسوں کی ضرورت ہوتی میری جیب سے نکال لیا کرتا تھا اور خرچ سے بچ رہنے والی رقم جب لا کر مجھے دیتا تب مجھے معلوم ہوتا تھا کہ پیسے کہاں گئے تھے۔ پھر انہوں نے علی گڑھ کے دوستوں کے نام گنوائے۔

تو یہ اتنے سارے بڑے لوگ ایک ساتھ ہی علی گڑھ میں پڑھتے تھے؟

نہیں میاں۔ وجہ بس یہ تھی میں بی۔اے۔ میں سات سال فیل ہوا تھا! میاں، یونہی نہیں، ہر سال بہت محنت کر کے فیل ہوا کرتا تھا۔ پھر احمد پھوپا نے مرمرے بھرا قہقہہ لگایا۔

اس دن یہ معلوم ہوا تھا کہ علی گڑھ میں فیل ہونے کے لئے بھی محنت کرنی پڑتی تھی۔ مگر یہ سمجھ میں نہ آسکا کہ جب محنت ہی کرنی تھی تو فیل ہونے کے لئے کیوں کی جائے۔ پھر سوچا شائد بڑے لوگوں سے دوستی کا یہی ایک طریقہ ہو۔

اس دن یہ بھی معلوم ہوا علی گڑھ نے اتنے بڑے لوگ اور ان کے اتنے اچھے قریبی دوست کیسے پیدا کر دئے تھے۔ خیر یہ تو اس پرانے زمانے کی باتیں ہیں جب بقول والدہ مرحومہ خالص گھی روپے میں پانچ سیر آیا کرتا تھا۔ اب تو پانچ روپے فقیر بھی نہیں لیتا۔ مگر اس زمانے میں بھی ہر شے اتنی سستی نہیں تھی کہ ۴۰ کروڑ ہندستانیوں کا پیٹ بھر جایا کرے۔ ناقابل یقین افلاس اور بھوک کو تو انسانی شکل میں تو میں نے ۱۹۷۲ میں بھی کلکتہ کے قریب ایک بن نما بستی میں دیکھا تھا۔ قدوائی صاحب کے زمانے میں یہ نعمت ہندستان کے تمام شہروں میں دستیاب تھی۔ اس کا ذکر ذرا بعد میں کریں گے۔ پہلے قدوائی صاحب کی کچھ اور باتیں کریں۔

یوں تو قدوائی صاحب بہت سچے کھرے اور سادہ مزاج آدمی تھے، لیکن کہتے ہیں بطور سیاست داں بہت بے رحم تھے۔ یعنی مخالف کے سر پر وہ دھول رسید کرتے کہ عرصہ

تک چندیا سہلاتا رہے۔ چنانچہ آزادی سے پہلے کے صوبجات متحدہ آگرہ و اودھ یعنی موجودہ اتر پردیش اور اتر آنچل میں گووند بلبھ پنت کی وزارت میں وہ ریاستی وزیر داخلہ ہوئے۔ وہاں ان کے سیاسی مداحوں کا گروہ خود کو رفین کہا کرتا تھا۔ وہ لوگ اس ایجادی لفظ کے انگریزی ہجے (Rafians) کرتے تھے۔ اصل انگریزی میں اصل لفظ (Ruffians) ہے جس کا مطلب بتانے کی ضرورت نہیں۔ پھر جواہر لال نہرو کو ان کی ضرورت دہلی میں ہوئی۔ تو انہیں وہاں بلا لیا گیا۔ کام تو اصل میں کانگریس پارٹی کا تھا مگر دل بہلانے کے لئے انہیں ایک چھوٹی سی وزارت بھی دے دی گئی۔ یہ تھی رسل ورسائل کی وزارت۔

اب بھلا ڈاک اور ڈاکیوں کی وزارت میں کوئی کیا کمال دکھا دیتا۔ مگر وہ کوئی نہیں رفیع احمد قدوائی تھے۔ انہوں اس وزارت میں تین یادگار کام کئے۔ ایک تو یہ کہ ہندستان کے ہر ایسے شہر میں جہاں ہوائی اڈہ تھا ڈاک پہنچانے کا انتظام ریل کے بجائے رات کو چلنے والے ہوائی جہازوں سے کر دیا چنانچہ ہفتہ دس دن میں ملنے والے خطوط دوسرے یا تیسرے دن ملنے لگے۔ پھر ان بڑے ہوائی شہروں سے قریبی چھوٹے شہروں، قصبوں اور دیہاتوں کی ڈاک کو مربوط کر دیا گیا تو وہاں بھی خطوط کی ترسیل میں تیزی آگئی۔ دوسرا کام ہندستان میں اِن۔ لینڈ نامی لفافہ قدوائی صاحب کا جاری کیا ہوا تھا۔ یہ ذاتی تجربہ کی بات تھی۔ آج کا سیاست داں زندگی سے دور رہتا ہے اس لئے اس بے چارے کو کوئی نہیں بتاتا کہ جنتا کی تکلیف کیا ہے۔ ویسے بھی جب سے ہندستانی نوکریاں سعودی مملکت اور خلیجی چرواہوں کے نخلستانوں میں ملنے لگیں اور امریکی نوکریاں بھارت میں تو خیال یہی ہے کہ جنتا کو اب کوئی تکلیف نہیں رہ گئی۔ ظاہر ہے، پہلے برگر اور پیزا کھانے کے لئے نیو یارک کا سفر کرنا پڑتا تھا، اب وہ دلی کے جن پتھ پر مل جاتا ہے۔ اسی لئے جنتا کی تکلیفوں کے

تجربوں کا کچھ رواج اُس پرانے زمانہ میں تھا۔ مگر اُس زمانہ میں بھی وہ بس ایسا ہی تھا جیسے کسی کو ڈاک کے ٹکٹ جمع کرنے کا شوق ہو۔ اب ہر بچہ تو ڈاک ٹکٹ جمع نہیں کرتا۔ تو ہر وزیر بھی ایسا فضول شوق نہیں پالتا تھا کہ موقعہ ہو نہ ہو جنتا کی تکلیفیں یاد کر کے اپنا دل کڑھاتے رہو۔

قدوائی صاحب ڈاک ٹکٹ جمع تو نہیں کرتے تھے، مگر ڈاک سے عزیزوں دوستوں کی خیر خبر لینے والی جنتا کی زندگی سے قریب تھے۔ ان کے ذاتی تجربہ کی بات یہ تھی کہ اَدھنّے کا پوسٹ کارڈ کسی بات کی تفصیل کے لئے بہت چھوٹا ہوتا تھا اور دو صفحہ کا خط ڈیڑھ دو آنے کے لفافہ میں رکھ کر بھیجنا غریب ہندستانی کو مہنگا پڑتا تھا۔ قدوائی صاحب نے ایک درمیانی راہ نکال لی۔ اب اگر میں یہ کہوں کہ ہندستان کو قدوائی صاحب کی یاد سے دلچسپی ہوتی تو کم از کم ان۔ لینڈ کے بجائے اسے قدوائی لفافہ کہہ دیا جاتا تو کیا برا تھا۔ مگر پھر لوگ طعنہ دیں گے کہ مسلمانوں کو بھی بس ٹسوے بہانا اور شکایتیں کرنا ہی آتا۔ کوئی ان سے کہے ارے کم بختو، قدوائی صاحب کی طرح کام کرنا سیکھو کہ بس دیس کا کلیان کر کے دنیا سے چپ چاپ چلے جاؤ، ستائش کی تمنا اور صلہ کی پروا کئے بغیر۔ اب یہی دیکھو، اگلے زمانہ میں قدوائی قسم کے لوگ مسلمانوں میں پیدا ہو جایا کرتے تھے، اب ان میں بھی نہیں ہوتے۔ بس ہم جیسے شکایت کرنے والے اور فرقہ وارانہ فساد میں گھر بار، کاروبار اور روزگار تباہ ہو جائے تو دبی زبان سے احتجاج کرنے والے ہی پیدا ہوتے ہیں۔ اسی لئے تو مسلمانوں میں بھی اب قدوائی پیدا نہیں ہوتے اور شہر شہر ان کے محلوں سے غلاظت، فضلہ اور گندگی کے ڈھیر بھی نہیں ہٹتے۔

کسی سیاسی شعبدہ باز کے سر پر دھول رسید کر دینے کی بات اور ہے، ویسے قدوائی صاحب نہ خود احتجاج کرتے تھے نہ کسی بات کی شکایت۔ ہاں جنتا میں سے کوئی شکایت کرتا

تو یوں بے چین ہو جاتے تھے جیسے صدیوں پہلے حضرت عمرؓ ابن خطاب ہو جایا کرتے تھے۔ اسی وزارت رسل و رسائل کے زمانہ کی بات ہے کسی دل جلے آزادی کے متوالے بنگالی نے کلکتہ سے قدوائی صاحب کو شکایت کا ایک خط لکھ دیا۔ کلکتہ کے جنرل پوسٹ آفس میں کوئی کسی کا پرسان حال نہ تھا۔ لوگ گھنٹوں قطاروں میں کھڑے رہتے اور بابو لوگ خوش گپیاں کرتے رہتے۔ اس دن بھی یہی سماں تھا۔ خط بھیجنے کے لئے ڈاک کے ٹکٹ خریدنے پڑتے تھے۔ کئی کھڑکیاں تھی اور سب پر قطاریں یوں ٹھہری ہوئی تھی جیسے علی گڑھ میں سرسید نگر کے بیچوں بیچ سے گزرنے والا میلے کا نالہ برسوں سے ایک جگہ رکا ہوا ہے۔ بابو لوگ ایک دوسرے سے ابھی ہنسی مذاق کر رہے تھے کہ چپراسی نے چائے تقسیم کرنی شروع کر دی۔ ایک کھڑکی پر طویل انتظار کے بعد ایک چھوٹا سا آدمی کھڑکی پر پہنچا ہی تھا کہ چائے کا وقت ہو گیا۔ اس آدمی نے بابو سے کہا:

بھائی، ذرا میری سنو۔۔۔

اس کے ہاتھ میں شائد کوئی نوٹ تھا جسے وہ بابو کی طرف بڑھا رہا تھا۔ مگر بابو نے جھڑک دیا۔ وہ غریب خاموش ہو کر چائے ختم ہونے کا انتظار کرتا رہا۔ پانچ دس منٹ بعد چائے ختم ہوئی تو بابو اس چھوٹے آدمی کی طرف متوجہ ہوا۔ اس آدمی نے نوٹ بڑھایا جسے ہاتھ میں لے کر بابو تو بت بنا رہ گیا۔ جیسے کاٹو تو بدن میں خون نہ ہو۔ وہ کبھی نوٹ کو دیکھے کبھی اس چھوٹے آدمی کو۔ اس کی حالت دیکھ کو بازو والا بابو اٹھ کر آیا اور نوٹ دیکھ وہ بھی حواس باختہ ہو گیا۔ مگر اس نے شور مچا دیا۔

وہ چھوٹا آدمی رفیع احمد قدوائی تھا ہندستان کا وزیر رسل و رسائل۔ اور وہ چھوٹا سا پرزہ اس کا تعارفی کارڈ تھا۔

جنرل پوسٹ آفس میں کہرام مچ گیا۔ پوسٹ ماسٹر جنرل کو خبر ہوئی۔ وہ گھبرایا بولایا

اپنے ٹھنڈے کمرہ سے نکل کر بڑی گرم رفتاری سے صاحب کی خدمت میں حاضر ہوا۔

صاحب آپ کو جتنے ٹکٹ درکار ہوں گھر پر پہنچا دئے جائیں گے۔ آپ میرے دفتر میں چل کر بیٹھئے۔ چائے، ٹھنڈا، کھانا۔۔۔

قدوائی صاحب اپنی جگہ سے ہلے نہ ٹلے۔ وہیں کھڑے کھڑے ڈاکخانہ کے چند نااہل اہل کاروں کو معطل کیا، سزائیں سنائیں۔ پوسٹ ماسٹر جنرل کو سرزنش کی اور سارے عملہ کو تنبیہ کی کہ آئندہ کوئی شکایت ملی تو وہ پھر کان پکڑنے کے لئے اسی طرح آئیں گے کہ کسی کو کانوں کان خبر نہ ہو۔

اور پھر وہ ڈاک خانہ سے باہر نکلے اور دلی واپس چلے گئے۔

شائد یہی وجہ ہے کہ کلکتہ میں ایک اہم سڑک قدوائی صاحب سے منسوب ہے۔ دلی میں بھی ہے۔ مگر ہندستان کے ہر شہر کو یہ اعزاز بھی نصیب نہ ہو سکا۔ اب ہر شہر تو خوش نصیب نہیں ہوتا نا!

ان دنوں دلی میں ایک دوسرا تماشہ ہو رہا تھا۔ دیس بھر میں غذائی اجناس کا کال پڑا ہو تھا۔ نگر نگر ہاہاکار مچی ہوئی تھی۔ وزیر غذا تھے کنہیالال منشی جو انگریزی میں کے۔ ایم۔ منشی بھی کہلاتے تھے، کیونکہ گجراتی میں وہ کنہیالال مانک لال منشی جو تھے۔ بڑے پونجی پتی تھے۔ پارٹیاں اتنی سہولت سے بدل لیا کرتے تھے کہ اتنی دیر میں ان کا چپراسی دھوتی بھی نہیں بدل سکتا تھا۔ بھانت بھانت کی پارٹیوں کے منچ سے دیش کلیان کی ایسی ایسی باتیں کیا کرتے تھے کہ انڈیا گیٹ سے بھارتیہ ودیا بھون تک لوگ سر دھنتے تھے ان کی باتوں پر۔ سچ پوچھو تو یہ ہندتوا کی پرمپرا انہیں کے دوار سے آرنبھ یعنی شروع ہوئی تھی۔ غذا کے وزیر کی حیثیت سے وہ اتنے مقبول ہوئے کہ لوگ انہیں وزیر قحط کہنے لگے تھے۔ اناج تھا ہی کہاں کہ راشن بھی جاری ہو گیا۔ جب دیس میں اناج دکانوں کی بجائے سکوں کے

گوشواروں میں چُھپ جائے تو جنتا کی تکلیف دور کرنے کے لئے راشن لگانا مفید ہوتا ہے۔ اس سے جنتا کو منطقی تسلی رہتی ہے کہ اگرچہ دیس میں اناج نہیں ہے مگر اسے ان کے ٹھنڈے چولہوں تک پہنچانے کے لئے کچھ بہت بڑے لوگ بڑے جتن کر رہے ہیں۔ خود ہمیں بھی یہ اطمینان دکانوں سے بسہولت مل جایا کرتا تھا۔ مجھے خوب یاد تھا، ابھی کل تک تو میں ابا جان کے ساتھ گرانٹ روڈ پر ناولٹی سینیما کے سامنے غلہ کی دکانوں سے دعوت کے لئے دہرہ دون کا باسمتی سیلا چاول سوا روپے میں سیر بھر لے کے آیا کرتا تھا۔ شکر چھ آنے (۳۶ پیسے) میں ایک رطل (نصف کیلو) ملتی تھی۔ شربتی گیہوں بھی کچھ ایسے داموں جتنا چاہے لے لو۔ پھر برما کا زیری چاول بارہ آنے (۷۵ پیسے) سیر سے بڑھ کر سوا روپے سیر ہو گیا، اور آخر وہ بھی غائب ہو گیا اور جنتا کی جھولیوں میں اطمینان رہ گیا۔

مگر یہ سب اس بھارت کی کتھائیں تھیں جن میں منشی جی نہیں تھے۔ وہ منچ پر براجے تو وہ وہ کارنامے دکھائے کہ دنیا دنگ رہ گئی۔ ان ترقیات نے منشی جی کی نیک نامی میں اتنا اضافہ کیا کہ نہرو جی نے انہیں اس وزارت سے علیٰحدہ کرنا مناسب سمجھا۔ مگر کابینہ کا کوئی رکن اس بھوکی وزارت کی طرف دیکھنا بھی گوارہ نہ کرتا تھا۔ کون اپنا نام جوکھوں میں ڈالے۔ نہرو جی جس سے کہیں وہ کانوں پر ہاتھ دھرتا، رام کا نام لیتا اور ان کے دفتر سے نکل جاتا۔ آخر نہرو نے قدوائی صاحب کو بلایا۔

وہ اس مصیبت کو جھیلنے کے لئے تیار ہو گئے۔

اب یہ بات اُس زمانے میں بھی بہت سے سوتنترتا سینانیوں یعنی آزادی کے سپاہیوں کو پتہ نہیں تھی کہ آزادی کی جنگ میں مصیبتیں جھیلنے والے کچھ لوگ وہ بھی تھے جو جنتا کی راحت کے خواب دیکھتے ہوئے یہ مصیبتیں جھیلا کرتے تھے۔ ان کی آرزو اپنے گھروں کو نوٹوں اور سکوں کے گودام بنانے کی نہیں، عوام کے دکھ دلدر دور کرنے کی

تھی۔ اس زمانہ میں بھی اونچے پدوں پر پہنچ جانے والے ایسے بہت لوگ نہیں ہوئے تھے۔ مگر رفیع احمد قدوائی ویسے ایک آدمی تھے۔

ہندستان کے پہلے عام انتخابات کے بعد ۱۹۵۲ میں نہرو نے وزارت غذا کی پیشکش کی تو قدوائی صاحب نے شرطیں رکھیں۔

مرکزی کابینہ میں اپنی کسی پالیسی پر کوئی سوال یا تنقید برداشت نہیں کروں گا۔

میں صرف وزیر اعظم کو ذاتی طور پر جواب دہ رہوں گا۔

پارلیمان کو میں خود سنبھال لوں گا۔

نہرو جی نے ساری شرطیں منظور کر لیں اور قدوائی صاحب قحط کے زمانہ میں آزاد ہندستان کے وزیر غذا بن گئے۔

ملک کی غذائی صورت حال کا اندازہ لگا کر انہوں نے سب سے پہلے شکر ملوں کے مالکان اور منتظمین اور تھوک تاجروں کو بلوایا اور ان سے پوچھا کہ سال بھر میں کتنی شکر ملک کو مہیا کر سکتے تھے۔ انہوں نے جو عداد و شمار دئے وہ قدوائی صاحب کے گوشواروں سے بہت کم تھے۔ انہوں مل مالکوں اور غلہ کے تاجروں کو اپنے اعداد و شمار پر نظر ثانی کرنے کہ مہلت دی۔ نتیجہ تب بھی کچھ حوصلہ افزا نہیں تھا۔ قدوائی صاحب نے تب انہیں بتایا کہ اگر ملک خود ضروری مقدار میں شکر بازار میں نہیں لا سکتا تو دوسرے ملکوں سے درآمد کرنے پر مجبور ہو گا۔ ایک بار پھر مہلت دی گئی۔ مگر نتیجہ وہی ڈھاک کے تین پات۔

تب قدوائی صاحب نے اپنی وزارت کے سکریٹریوں کو بلوایا۔

نئ دنیا کی سیر کرنا چاہتے ہو؟

سوال بہت حیران کن تھا۔ قدوائی صاحب کا لہجہ بھی مذاق کا نہیں تھا۔ انہوں نے

ایک اعلی سطحی وفد تشکیل دے کر اسے ہدایت کی کہ امریکہ جاؤ، وہاں گھومو پھرو اور وہاں کے شکر سازوں سے بات چیت کرتے رہو۔ ان سے شکر خریدنے کا کوئی وعدہ نہ کرو مگر بات چیت کی خبریں روزانہ ہندستان پہنچتی رہیں۔ ان خبروں پر قدوائی صاحب کی وزارت مزید روغن چڑھا دیتی تھی۔ ہفتہ بھر نہ گزرا تھا کہ مل مالکوں نے خود ملاقات کی درخواست۔ ملاقات ہوئی اور اس میں اتنی شکر پیدا کرنے کے وعدے کئے گئے جو قدوائی صاحب کے اندازوں سے قریب تھے۔ وفد خاموشی سے امریکہ کی سیر سے واپس آگیا اور ملک میں اچانک شکر کھلے عام ملنے لگی۔ پھر قدوائی صاحب نے اعلان کیا کہ راشن کا سسٹم ختم۔ تمام غذائی اجناس کھلے بازار میں ملیں گی۔ نہرو جی کی کابینہ میں وزیروں نے بہت واویلا مچایا، غذائی نظام کے منہدم ہونے اور بھگمری پھیلنے کا ڈر پھیلایا۔ مگر نہرو جی نے انہیں ڈانٹ دیا۔ راشن ختم ہوا تو لیجئے، ہر چیز ملنے لگی۔ یہ الگ بات ہے کہ قدوائی صاحب کے بعد راشن کی وہ نعمت ملک کو واپس دے دی گئی اور شائد اب تک اس کا رواج ہے۔ اور شائد اس لئے ہے کہ راشن کارڈ نہ ہو تو پاسپورٹ نہیں بنتا، اور یہ بھی پتہ نہیں چلتا کہ آدمی اصلی سانولا شامل ہندستانی ہے یا ریڈ انڈین۔

احمد پھوپا یہ واقعات مجھے سنا رہے تھے اور میں حیران تھا کہ قدوائی صاحب کس آسانی سے سنگین مسئلے حل کر دیتے تھے۔ کیا اس دنیا میں ایسا ممکن تھا؟ کیا اس دنیا میں ایسے لوگ ہوتے ہیں جو مسائل پیدا کرنے کے بجائے انہیں سلجھانے میں کمال رکھتے ہیں، جن کی سیاست زندگیوں میں ٹیڑھ اور کجی پیدا نہیں کرتی، محرومی اور نامرادی کو راہ نہیں دیتی، جو انسانوں کو احمقانہ فلسفوں میں الجھانے کے بجائے صاف صاف ان کی مصیبتوں کا علاج کر دیتے ہیں۔ مگر ہاتھوں کا کام بھی کھوپڑیوں سے لینے والے دنیا کو چین سے نہیں جینے دیتے۔ پہلے ایک ایڈم سمتھ صاحب اس دنیا میں مونگ پھلی کی گری جتنے

ایک ملک میں پیدا ہوئے۔ پھر ان کے ایک حمایتی جان مل صاحب پیدا ہو گئے۔ ابھی وہ کام کر ہی رہے تھے کہ ان کا توڑ کرنے کے لئے جرمنی سے آ گئے ایک کارل مارکس صاحب اور ان کی ضد میں پھر ایک جان مینارڈ کینز صاحب۔ چلئے یہ بھی اولمپک کی کسی قسم کا ایک کھیل ہوا۔ کچھ دن لوگوں نے ہر کھلاڑی کے لئے خوب تالیاں پیٹیں اور پھر بھول بھال گئے کیا ہوا تھا اور کیوں ہوا تھا، کیونکہ جو ہونا تھا وہ تو ہو رہا تھا اور اس پر کسی کا بس بھی نہیں چلتا تھا۔ دنیا تو یونہی چلتی ہے نا۔ کسی فلسفہ سے دنیا کی رفتار کہاں روکی جاتی ہے۔ فلسفے تو دنیا کی رفتار کا تجزیہ کرنے کے لئے لکھے جاتے ہیں اور یہ جاننے کے لئے انسان کتنا برباد ہو چکا ہے اور کتنی کسر باقی رہ گئی ہے۔ اس وقت بھی یہی ہو رہا تھا۔ اب ان مفروضہ مفکروں کی قبروں پر یا دفتروں میں جا کر کوئی نہیں پوچھتا کہ بھائی یہ دنیا انسانوں کے لئے روز بروز بدتر کیوں ہوتی جا رہی ہے؟ اس سوال کا جواب میں کیوں دوں۔ کسی کے پاس میرا پتہ ہے نہیں اور کبھی کسی نے مجھ سے یہ سوال کیا نہیں۔ پھر مجھ سے کوئی پوچھے بھی کیوں۔ میں ان بہت پڑھے لکھے لوگوں کی طرح فلسفی کب ہوں۔

قدوائی صاحب خود بھی اُسی علی گڑھ کے پڑھے ہوئے تھے جہاں سرسید ایسے ہی فلسفی پیدا کرنا چاہتے تھے جو انگریزوں کی طرح سوچیں، انگریزوں کی طرح رہیں، انگریزوں کی طرح کی کتابیں لکھیں اور انگریزی بھی بولیں، خواہ اردو ہی میں بولیں۔ مگر قدوائی صاحب ایک ذہین آدمی تھے۔ انہیں پتہ تھا مسئلے اس قسم کی باتوں اور مفروضوں سے اور الجھتے ہیں۔ مختصر زندگی میں ہم جیسے لوگ شاعری کرتے ہیں۔ قدوائی صاحب شاعری نہیں کرتے تھے۔ ہاں شاعری میں جس دکھ درد کا بیان کبھی کبھی ہوتا ہے اسے خوب سمجھتے تھے۔ اس کے لئے فقط زبانی تحسین آفریں کی نہیں، ایک دل درد مند کی ضرورت ہوتی ہے۔ قدوائی صاحب کے پاس تحسین کرنے والی زبان کے ساتھ وہ دل

درد مند بھی تھا اور اس درد کو جذبہ بنا دینے کا سلیقہ بھی انہیں آتا تھا۔

ایسا جذبہ ہر دل میں نہیں سماتا۔ نہ یہ عالی شان گھروں میں بیٹھنے والوں کے دلوں کو آباد کرتا ہے۔ نہ یونیورسٹیوں میں پیسہ پیسہ فیس بطور قیمت وصول کرنے کے بعد ڈگریوں کے لفافوں میں رکھ کر دیا جاتا ہے۔ نہ لندن میوزیم یا لوورے میں اس کی نمائش لگائی جاتی ہے۔ نہ امریکہ سے تیل کی رائلٹی میں ملتا ہے۔ یہ تو خاص انسانوں پر اللہ کی خاص عنایت ہوتی ہے، خواہ کوئی اللہ کو مانے یا نہ مانے۔ یہ جو ہم لوگ بیٹھ کر اکثر اپنی قوم کے زوال اور نکبت اور افلاس پر اپنے قلم کے ٹسوے بہاتے رہتے ہیں، مقالے لکھتے ہیں، کتابیں ترتیب دیتے ہیں، مذاکروں کا اہتمام کرتے ہیں، جلسے کرتے ہیں، نعرے لگاتے ہیں، تو ہمیں کیا خبر قوموں کو زوال کی گھاٹیوں سے کیسے نکالا جاتا ہے۔ ہم سمجھتے ہیں بس ایک ہم ہی یہ کام کرنے کے لئے پیدا ہوئے ہیں مگر سچ یہ ہے کہ ہم ایسے برخود غلط لوگ خود بھی قاعدہ سے جی ملیں تو اس دنیا پہ احسان ہو۔ مجبور انسانوں کی دستگیری تو بہت دور کی بات ہے۔

رفیع احمد قدوائی انہی مجبور انسانی گروہوں کے لئے جان نچھاور کرنے کو ہمیشہ تیار رہتے تھے۔ آج کی نسلوں کو تو پتہ بھی نہیں کہ وہ آزادی۔۔ جس کا خیال سال میں ایک دن ترنگا جھنڈا لہرا کر اور لال قلعہ سے وزیر اعظم کی تقریر اور اس کے بعد کچھ بے ہودہ فلمی گانے سن کر ختم ہو جاتا ہے۔۔ جب آئی تھی تو دس لاکھ مجبور انسانوں کے جیتے جیتے خون میں نہا کر اس نے پہلی انگڑائی لی تھی۔ دلی کا پرانا قلعہ۔۔ جو آج کل جنگلی جانوروں کا عجائب گھر ہے۔۔ اُس خونی سال میں ڈارون کے اصلی جانوروں سے پٹا پڑا تھا۔ چند لوگوں کا خیال تھا وہ اصلی جانور کبھی انسان کہلاتے تھے۔ کون تھے وہ لوگ۔ ارے بھئی وہی جن کے گھر بار لٹ چکے تھے۔ کاروبار برباد کئے جا چکے تھے۔ ناموس اور آبرو کو درندوں نے

نکیلے ناخونوں سے نوچ ڈالا تھا۔ تلواروں اور گنڈاسوں سے بدنوں کا قیمہ کرتے ہوئے وحشت کو لمحہ بھر کے لئے شرمندہ ہو جانے کی فرصت نہ تھی۔ اس وقت دلی میں چند آدمی درندگی کی ہتھ چھٹ فوجوں سے نہتے لڑ رہے تھے۔ دلی میں اس آدمی کا نام کہیں ابوالکلام آزاد تھا، کہیں حفظ الرحمٰن سیوہاروی، کہیں سبھدرا جوشی، کہیں رفیع احمد قدوائی ۔ کانپور میں ایسے ایک آدمی کا نام گرجا شنکر ودیارتھی تھا، سہارنپور میں وہ کلکٹر دیال تھا اور الہ آباد میں کہیں پنڈت سندر لال تھا، کہیں رتن لال بنسل۔

قدوائی صاحب نے اپنے وطن میں بے وطن ہو جانے والے لاکھوں لوگوں کو ماحول کی مردنی سے نکال کر نئی زندگی کی سمت ان کی رہنمائی کی تھی۔ وہ دور گزر گیا۔ اس دور سے گزر کر نئے سورج کی تلاش میں جانے والے ہی اسے بھول گئے تو اور کوئی تو بھلا کیوں یاد رکھتا۔ اسے حالات کی ستم ظریفی کے سوا کیا کہا جائے گا کہ تقسیم ہند کی مخالفت کرنے والے رفیع احمد قدوائی کے کسی احسان کو پاکستان میں یاد کرنا سیاسی حماقت کے زمرے میں آتا تھا، اور ہندستان میں اس خدمت خلق کا ذکر یوں بے معنی تھا کہ قدوائی صاحب تو مستقبل کے پاکستانیوں کی مدد کر رہے تھے۔ نہ جانے کون لوگ ہوتے ہیں جو انسانوں کو قوموں کے علاوہ بھی کسی اور پس منظر میں دیکھنے والی آنکھیں اپنی ناک کے دونوں طرف رکھتے ہیں۔ بے شک سیاست داں عام طور سے اپنے چہرہ پر آنکھیں اور سینہ میں دل رکھنا پسند نہیں کرتے۔ اور وہ دوسرے لوگ بھی عام طور سے قومیتوں کی تقسیم کے جال سے باہر نکلنے کی صلاحیت کم ہی رکھتے ہیں جن کے ہاتھ میں کبھی کبھی بندر کے ناریل کی طرح مؤرخ کا قلم آجاتا ہے۔ ایک اچھی کتاب میں لکھا ہے کہ قبائل اور قومیں تو صرف باہمی پہچان کا ذریعہ ہیں، عزت کا وسیلہ نہیں۔ مگر روزانہ وہ کتاب پڑھنے والوں کو بھی اس بین فرق کا احساس نہیں تو اوروں کا کیا ذکر مذکور۔ اور یہ باقی لوگ تو اکثر بدلتی سدلتی قومیت

ہی کو عزت کا سب سے بڑا ذریعہ سمجھتے ہیں۔ ہم انسان لوگ کیسے سادہ لوگ ہوتے ہیں۔

رفیع احمد قدوائی ان موشگافیوں سے بلند آدمی تھے۔ ایسے ہی آدمی ابوالکلام آزاد بھی تھے۔ ایسے ہی حفظ الرحمٰن سیوہاروی بھی تھے۔ ایسے ہی حامد الانصاری غازی بھی تھے۔ ایسے ہی ڈاکٹر سید محمود بھی تھے۔ ایسے ہی حافظ محمد ابراہیم بھی تھے۔ ایسے ہی قاضی سید غیاث الدین بھی تھے۔ اور بھی بہت لوگ اس فہرست میں ہیں اور ان کی فہرست بنائی جا سکتی ہے۔ مگر یہاں فہرست سازی مقصود نہیں ہے۔ یہاں تو یہ دکھانا ہے کہ اس دنیا میں تہذیب و تمدن کی اصل اکائی انسان ہے اور بہیمیت کا سب سے پہلا اور سب سے بڑا شکار بھی انسان ہے۔ رفیع احمد قدوائی بس اسی مظلوم انسان کا درد محسوس کیا کرتے تھے اور درماں کی سعی کرتے تھے۔

یہ انسانوں کا درد کیسا ہوتا ہے؟ کبھی کسی نے اس کا تجربہ کیا ہے؟ کبھی کسی نے اسے محسوس کیا ہے؟ بہت لوگ کہیں گے کہ ہاں ان کے دل اس درد سے مملو ہیں۔ وہ رات دن اسی درد اور غم کا علاج کرنے کے لئے کوشاں رہتے ہیں۔ بے شک ایسے لوگ قابل تعریف ہوتے ہیں۔ مگر میں جس درد کا ذکر کر رہا ہوں وہ کچھ اور ہی شے ہے اور اس کا احساس بہت مختلف کہانی ہے۔ انسانی تاریخ میں مجھے بہت لوگ ایسے نہیں ملے جن کے دلوں میں وہ درد میں نے پایا ہو۔ اور بڑی عجیب بات ہے کہ ایسے لوگ صلہ و ستائش سے بے نیاز بھی تھے۔ شائد اس درد کے احساس کا صلہ یہی بے نیازی ہو۔

اس درد کی کہانی، اس یاد کی آخری بات میں احمد پھوپا ہی کی روائت سے بیان کر دیتا ہوں۔ یہ چھوٹی سی کہانی انہوں نے اپنی آخری ملاقات میں مجھے سنائی تھی۔

احمد پھوپا دلی سے سیدھے بمبئی آئے تھے۔ دو دن بعد ان کا جہاز کراچی کے لئے لنگر اٹھانے والا تھا۔ اس کے بعد وہ پاکستان چلے گئے تھے۔ کبھی واپس نہ آنے کے لئے۔

میاں، یہ معمولی بات نہیں تھی۔ رفیع سے میں برسوں بعد ملا تھا۔ وہ بہت مصروف اور بہت بڑے آدمی بن چکے تھے۔ میں ایک معمولی آدمی تھا۔ میری ہمت نہیں پڑتی تھی کہ ان سے جا کر ملوں۔ اگر انہوں نے نہ پہچانا تو میرا یادوں کا تاج محل منہدم ہو جائے گا۔ مگر بجاج سیٹھ کے جھونپڑے میں مجھے اپنا پرانا یار مل گیا تھا۔ مجھے آئندہ ملنے کا بھی حوصلہ ہوا۔ بجاج سیٹھ کے جھونپڑے میں رفیع سے ملاقات کے دوران میں نے ان سے وعدہ کیا تھا کہ پاکستان جانے سے پہلے تم سے ملنے ضرور آؤں گا۔ رفیع نے اپنا ذاتی فون نمبر اور گھر کا پتہ مجھے دیا اور حکم دیا تھا کہ ملے بغیر ہرگز نہ جانا۔ پھر پتہ نہیں قسمت میں دوبارہ ملنا ہو نہ ہو۔ تو بس میں نے اپنے سارے کام نپٹائے اور دلی پہنچ گیا۔ رفیع کو فون کیا۔ علی گڑھ طرز کی دو چار دشنامیں اس کی سمت اچھالتے ہوئے میں نے کہا:

ارے تمہارے شہر میں آیا ہوں۔ تم سے ملنے گھر پر آؤں گا۔ کھانا کھلاؤ گے یا یونہی ٹرخا دو گے۔

تم ہو کہاں؟ پہلے سے خبر کیوں نہ بھیجی؟ سٹیشن سے سیدھے میرے پاس کیوں نہیں آئے؟

وقت طے ہوا اور میں ٹیکسی کر کے رفیع کے گھر پہنچ گیا۔ راستہ بھر سوچتا رہا کہ ہندستان کے وزیر غذا کے گھر دعوت ہے۔ اتنے پرانے، لڑکپن کے دوست کے لئے وہ جانے کیا کیا نعمتیں تیار کروائے گا۔ لذیذ کھانوں کے تصور ہی سے میری اشتہا میں اضافہ ہو رہا تھا۔ رفیع کے گھر پہنچا تو وہ خود دروازہ پر آئے۔ ملاقات کے کمرہ میں لا کر بٹھایا۔ گھر تو سرکاری تھا مگر بس سادہ سا تھا۔ عام سا فرنیچر۔ سادہ سی دیواریں۔ میں جانتا تھا کہ رفیع کو شروع ہی سے تعیشات سے دلچسپی نہیں تھی۔ وہ بہت عجیب قسم کا زمیندار جو تھا۔ علی گڑھ میں بھی اس کا لباس اور رہن سہن بڑا سادہ تھا۔ مجھے حیرت نہ ہوئی۔ اس کی عادتیں

نہیں بدلی تھیں۔ ہم دونوں دیر تک بیٹھے باتیں کرتے رہے۔ علی گڑھ کی باتیں۔ طالب علمی کے زمانہ کی شرارتیں۔ برسوں کے باہمی ہجر و فراق کے طویل وقتوں کے بے شمار دلچسپ اور سنجیدہ واقعات۔ سیاسی زندگی میں رفیع کے تجربات اور مشاہدات۔

اسی دوران ایک ملازم نے آکر اطلاع دی کہ کھانا تیار ہے۔ رفیع نے کھانے کے کمرے کی طرف میری رہنمائی کی۔ درمیانہ درجہ کی میز پر جاکر بیٹھے۔ ملازم دو ہاتھوں میں دو قابیں لے کر داخل ہوا۔

ایک قاب میں چاول کا سادہ خشکہ تھا۔

دوسری قاب میں ارہر کی پتلی دال۔

میرے منہ سے دشنام نکلی۔ بڈھا ہو گیا مگر علی گڑھ والی شرارت کا مزاج اب بھی باقی ہے۔ ہندستان کا وزیر غذا اپنے پرانے یار کے ساتھ عملی مذاق کر رہا تھا۔

اچھا اب مذاق ختم۔ میں بہت محظوظ ہوا۔

میں نے کہا۔

اب اصلی دعوت والا کھانا منگواؤ۔

عبدالرحیم۔ میرے دستر خوان پر یہی اصلی دعوت والا کھانا ہے۔

میں اس کا منہ دیکھ رہا تھا۔ اس کی آنکھوں میں آنسو تیر رہے تھے۔

عبدالرحیم۔ میں اس ملک کا وزیر غذا ہوں جہاں کروڑوں لوگوں کو یہ چاول اور دال بھی میسر نہیں جو میرے دستر خوان پر تمہارے سامنے رکھا ہے۔ مجھے کیا حق ہے اچھا کھانا کھانے کا! جب تک میں اپنے ملک کے عوام کو دو وقت ایسی معمولی غذا بھی مہیا نہ کر دوں تو مجھے یہ دال چاول کھانے کا حق بھی کہاں ہے؟

٭

احمد پھوپا کی بوڑھی آنکھوں میں دو ستارے تیر رہے تھے۔ اور لبوں پر ایک فاتحانہ مسکراہٹ تھی۔ ان کی بھیگی آنکھیں اور مسکراتے لب مجھ سے کہہ رہے تھے:

ہے کسی کا ایسا دوست جیسا عظیم میرا دوست ہے!

Rafi Ahmed Kidwai, a great person. Essay: Tariq Ghazi

***

۹

مقدمہ: ہندوستان کی قدیم اسلامی درس گاہیں

ابوالحسنات ندوی

ہندوستان کی اسلامی تاریخ جن کثیر و متنوع اجزاء پر مشتمل ہے، ان میں تعلیم کا حصہ خاص طور پر عظمت و اہمیت رکھتا ہے، بارہویں صدی ہجری کا ہندوستان پانچویں صدی ہجری کے ہندوستان سے جس طرح تمدنی، معاشتی اور سیاسی حالات میں مختلف ہے، بعینہ وہ اپنی دماغی و علمی کیفیات میں بھی اس سے علانیہ جداگانہ ہے، یہ اختلاف اور یہ تغیر کیوں کر اور کس طرح پیدا ہوا؟ اور اس کی تدریجی و ارتقائی رفتار کیا رہی؟ اس کی تفصیل کا یہ موقع نہیں اور نہ اس کتاب ہی میں (جس کا یہ مقدمہ ہے) اس پر بحث کی گئی ہے۔ البتہ اس کے متعدد اسباب میں سے ایک سبب "تعلم اور اس کی توسیع و اشاعت" سے متعلق تاریخی معلومات کا ایک سرسری خاکہ اس میں کھینچا گیا ہے اور اسی مبحث کے متعدد پہلوؤں کو اس میں نمایاں کیا گیا ہے۔

ایک علمی و تاریخی خطبہ کے طور پر اجلاس ندوۃ العلماء میں پیش کرنے کی ضرورت سے میں نے اس کو اپنا موضوع قرار دیا تھا، یہ ایک محدود اور ہنگامی ضرورت تھی، کسی مجمع عام کے روبرو کسی موضوع پر تقریر کرنے کے لئے یہ ضروری نہیں کہ اس پر نہایت تفصیلی اور جزوی بحث کی جائے، اس لئے اس کے ہر حصۂ بیان میں اجمال ہی سے کام لیا

گیا ہے، لیکن ہاں چونکہ یہ ایک تاریخی عنوان تھا، اس لئے بیان کا ہر جزو تاریخی حوالوں اور معتبر مستند ماخذوں پر مبنی ہے تاہم مزید سعی و محنت کے بعد جس تفحص و استقصا کے ساتھ اس پر قلم اٹھایا جاسکتا تھا، مجھے علانیہ اقرار ہے کہ وہ اس کتاب میں نہیں ہے اور یہ یقینی ہے کہ اس عنوان کے متعلق پیش نظر مواد تاریخی سے کہیں زیادہ معلومات ابھی اور جمع ہوسکتی ہیں، اس کا یقین اس طرح ہوا کہ قدیم تاریخی کتابوں کی جو تصنیفی نوعیت ہے اور ان میں جس طرح کے واقعات کا انبار ہوتا ہے اس کو دیکھ کر پہلے اس عنوان کو ہاتھ لگاتے ہوئے طبیعت جھجکتی تھی لیکن معظم و محترم جناب مولانا سید سلیمان صاحب ندوی کے اصرار آمیز ارشاد نے مجبور کر دیا اور بالآخر جب میں نے اس مقصد کے لئے صفحات تاریخ کا مطالعہ شروع کیا تو بحمد اللہ اپنی محنت و جاں فشانی بے کار نہ گئی اور تلاش و جستجو کا قدم جتنا آگے بڑھتا گیا اتنا ہی امید سے کہیں زیادہ وسیع اور کشادہ میدان نظر آیا۔

سردست چونکہ حصول معلومات کا بہت محدود ذخیرہ پیش نظر تھا، اس لئے اس تلاش و سعی کے نتائج سے جو ناتمام مرقع تیار ہو سکا وہ آئندہ صفحات میں نظر آئے گا، اس کتاب کی تالیف میں جن کتابوں سے مدد لی گئی ہے ان کے حوالے اصل کتاب میں موجود ہیں نیز اس لئے کہ وہ عام اور متداول کتابیں ہیں، یہاں ان کے جداگانہ تذکرہ کی ضرورت نہیں معلوم ہوتی، کوئی نایاب و نادر کتاب پیش نظر نہ تھی، جس کا خصوصیت کے ساتھ ذکر کیا جائے گا، البتہ قلمی نسخہ "خلاصۃ التواریخ" اور ر ایک اور انگریزی کتاب "Promotion of learning in India" کا تذکرہ ضروری ہے، ان دونوں کتابوں کے مصنف ہندو ہیں، اول الذکر عالم گیر کے زمانہ کی تصنیف ہے اور اس کا قلمی نسخہ کتب خانہ "الاصلاح و سنہ" (صوبہ بہار) سے دستیاب ہوا، آخر الذکر موجودہ زمانہ کے ایک بنگالی ہندو مصنف کے قلم سے نکلی ہوئی کتاب ہے اس میں مسلمان حکمرانوں کی

علمی و تعلیمی دلچسپیوں، مدارس و مکاتب، علماء و مصنفین اور کتب خانوں کا تذکرہ ہے، گو مصنف اصل زبان (فارسی) سے ناواقف معلوم ہوتا ہے اور اس نے غیر ذمہ دار اشخاص کے نقل و ترجمہ پر اعتماد کیا ہے، اس لئے کہیں کہیں خامیاں، سہو و خطا، بلکہ غلطیاں بھی نظر آتی ہیں، تاہم عام طور پر کتاب اپنے موضوع میں کامیاب ہے اور مصنف کی محنت و کوشش ہر طرح مستحق تحسین و آفرین، اس موقع پر مسلمان انگریزی داں طبقہ سے یہ سوال دلچسپ ہوگا کہ یہ فرض اس کا تھا یا کسی اور کا؟ خدارا وہ انصاف کو پیش نظر رکھ کر اس کا جواب دے۔

تاریخ کی متداول فارسی کتابیں تاریخ ہند کا مکمل مجموعہ نہیں ہیں، ان کے علاوہ اور بھی مفید و ضروری کتابیں ہیں، جو اس کتاب کی تالیف و ترتیب کے وقت میسر نہ آسکیں، اور ان کے حصول کے لئے اقطاع ملک کے مختلف مشہور و عام کتب خانوں کی سیر، نیز ذاتی کتب خانوں تک رسائی حاصل کرنا بہت ضروری ہے، علاوہ ازیں عہد اسلامی میں ہندوستان کی علمی و تعلیمی ترقی کو دکھانے کے لئے بزرگان دین، مشائخ کبار اور دیگر علماء و فضلاء کی سوانح عمریاں، نیز ان کے ملفوظات و مکتوبات کی ورق گردانی نہایت ضروری ہے، یہی چیزیں وہ تاریخی سرمایہ ہیں جن کا تفصیلی مطالعہ ہندوستان کی گزشتہ علمی و تعلیمی ترقیوں کی تصویر ہماری آنکھوں کے سامنے کھینچ دے گا۔

لیکن اس موقع پر ایک اور ذخیرہ معلومات کی طرف اشارہ کرنا بھی ضروری معلوم ہوتا ہے جو اپنی صحت و واقعیت میں تاریخی کتابوں کی روایات سے کہیں زیادہ بہتر اور عمدہ ہے، یعنی مسلمان حکمرانوں کے فرامین جو اب تک ہندوستان کے مختلف ہندو مسلمان خاندانوں میں محفوظ و موجود ہیں، یہ تمام فرمان تاریخ ہند کا ایک گراں بہا اور وقعی سرمایہ ہیں، ان سے ہندوستان کی گزشتہ تاریخ کے مختلف پہلوؤں پر روشنی پڑتی ہے، مجھے یقین

کامل ہے کہ ان میں جہاں اور ضروری باتیں ملیں گی، وہیں اس ملک کے مسلم فرماں رواؤں نے ملک کی ترقی کے لئے علم و فن کی اشاعت میں جو کوششیں کی ہیں، ان کی تصریح و تفصیل بھی ملے گی۔

اس کتاب میں ''اشاعت تعلیم کے دیگر ذرائع'' کے عنوان سے جو کچھ لکھا گیا ہے، اس میں اجمالاً اس کی طرف اشارہ ہے، پہلے خیال تھا کہ اس کی نسبت کسی قدر تفصیل سے لکھنا چاہئے لیکن بعض ناگزیر اسباب کی بنا پر ایسا نہ ہو سکا، ہندوستان کے مسلمان باشاہوں میں بہت کم ایسے گزرے ہیں جنھوں نے ہندوؤں کے پنڈت، گوشائیں یا گرو وغیرہ مذہبی و علمی اشخاص کے لئے وظیفے یا جاگیریں عطا کی ہوں، شاہنشاہ عالم گیر اورنگ زیب کے مذہبی تعصب کا غلغلہ مصنفین یورپ نے نہایت بلند آہنگی سے اٹھایا اوراپنی تصنیفات میں اس کو بہت کچھ آب و رنگ دے کر بیان کیا ہے، جس کا نمایاں اثر یہ ہوا کہ تمام ملک میں نہایت برے خیالات پھیل گئے اور اس نیک دل و رحم پرور بادشاہ کو ظالم، ستم گر، ہندو کش کے خطابات دیے گئے اور اب حالت یہ ہے کہ اگر کبھی اس کے قابل قدر اوصاف کی کوئی آواز اٹھائی بھی جاتی ہے تو وہ اس غوغائے عام میں دب کر رہ جاتی ہے۔

تاہم یہ واقعہ ہے کہ یہ بالکل بانگ تہی ہے اور جو کچھ بیان کیا جاتا ہے اس میں اصلیت کا بہت کم حصہ ہے بلکہ اس کے تعصب کے خلاف اس کی رواداری و مسالمت کی شہادتیں ملتی ہیں، گوشائیں، گرو اور پنڈتوں کے نام مسلمان فرماں رواؤں کے متعدد فرامین جن کے ذریعہ سے ان کو شاہی عطیے یا جاگیریں یا معافیاں دی گئیں، میری نظر سے گزرے ہیں، ان میں شاہنشاہ عالم گیر اورنگ زیب کے فرمان بھی ہیں، غالباً یہ بہت کم لوگوں کو معلوم ہو گا کہ ہندوؤں کے مشہور مقدس مقام بودھ، گیا جہاں ہندوستان کے مصلح اعظم مہاتما بدھ کو علم حاصل ہوا تھا، اس کی عظیم الشان بودھ خانقاہ کے متعلق جو کئی

لاکھ جائداد وقف ہے وہ تمام تر اسلامی سلاطین کے فیض و کرم کا نتیجہ ہے، اس وسیع جائیداد میں بڑا حصہ شاہنشاہ عالم گہر کا عطیہ ہے، عالم گیر اور دوسرے سلاطین کے فرمان اب تک اس وقت کے متولی خاندان میں محفوظ ہیں۔

علامہ شبلیؒ نے اجلاس ندوۃ العلماء، منعقدہ بنارس کے موقع پر ایک علمی نمائش کی تھی، اس میں اس قسم کے متعدد فرامین جمع کئے گئے تھے، یہ تاریخ ہند کا مہتم بالشان ذخیرہ ہے اس لئے اس کو پیش رکھے بغیر جو تاریخ ہند مرتب کی جائے گی وہ بڑی حد تک نامکمل ہوگی۔

آخر میں یہ بتادینا بھی ضروری ہے کہ گو اس کتاب کا ایک بڑا حصہ تقریر کی ضرورت سے زیادہ یادداشت کے طور پر جمع کیا گیا تھا لیکن چونکہ اس سے وہ کام نہ لیا جاسکا اور بعد میں یہ قرار پایا کہ اس غیر معمولی اور مفید یادداشت کو رائگاں نہ جانے دیا جائے بلکہ اس کو ایک مستقل کتاب کی شکل میں جمع کر دینا چاہئے۔ اس لئے کتابی ترتیب و نظر ثانی کے موقع پر اس میں بہت سے حصے اضافہ کر دیے گئے اور اس کو ایک خطبہ کی صورت سے بدل کر موجودہ تصنیف کے قالب میں ڈھال دیا گیا۔

اس موقع پر مخدوم محترم مولانا سید عبدالحیٔ صاحب ناظم ندوۃ العلماء کا شکریہ ادا کرنا بھی اپنا فرض سمجھتا ہوں کہ جناب ممدوح کے مضمون ”ہندوستان کا قدیم نصاب درس“ سے بڑی مدد ملی، اس کتاب میں جہاں پر قدیم درسی کتابوں کی فہرست دی گئی ہے وہ تمام تر اس مضمون سے منقول ہے، یہ امر مزید شکریہ کا محرک ہے کہ مولانا ممدوح نے میری اجازت طلبی پر نہایت خندہ پیشانی سے اس کے نقل و اخذ کی اجازت دی۔

ابوالحسنات ندوی

دارالمصنفین اعظم گڑھ

۱۸/ جولائی ۱۹۲۲ء روز دوشنبہ

ماخوذ از کتاب:

ہندوستان کی قدیم اسلامی درس گاہیں (یعنی ہندوستان کے مسلم حکمرانوں کے عہد کی اسلامی درسگاہوں کی تاریخ)

مصنف: مولانا ابوالحسنات ندوی، ناشر: دارالمصنفین شبلی اکیڈمی، اعظم گڑھ (اتر پردیش)

The history of Old Islamic Institutes of India. By: Abul Hasnaat Nadvi

***

۱۰

مختصر افسانے کی صنف اور ریڈیو کی پابندیاں

ڈاکٹر اختر بستوی

یہ بحث کہ مختصر افسانے کو کیسا ہونا چاہیے، اسی وقت سے چل رہی ہے جب سے یہ صنف ادب وجود میں آئی ہے۔

اس کی طوالت کتنی ہو؟ اس کا مواد اور اس کے موضوعات کس نوع کے ہوں؟ اس کے پلاٹ، اس کی تکنیک، اس کے بیان اور اس کی زبان کا انداز کیا ہو؟ یہ اور اسی نوعیت کے دیگر امور پر نقادوں کے درمیان بحثیں افسانے کی ابتداء ہی سے ہوتی آ رہی ہیں۔ ان بحثوں کے نتیجے میں مختصر افسانے کے رنگ روپ کے مختلف پہلوؤں کے متعلق خواہ دو اور دو چار قسم کے حتمی اور قطعی فیصلے نہ ہو سکے ہوں، لیکن یہ ضرور ہوا کہ اس صنف کی بنیادی خصوصیات کا تعین کافی حد تک ہو گیا اور افسانہ نگار، نقاد اور قاری خاصے واضح تصور کے ساتھ یہ سمجھنے لگے کہ افسانے کے ہر ہر پہلو کے اوصاف کی متعین حدیں کیا ہیں؟

مگر ریڈیو سے مختصر افسانوں کے نشر کئے جانے کے رواج نے آج کل ان حدوں کے تعین کو متزلزل کر کے رکھ دیا ہے، اور ہمیں یہ سوچنے اور غور کرنے پر مجبور کر دیا ہے کہ کیا نشر ہونے اور سنے جانے والے افسانوں کی خصوصیات بھی وہی رہ سکتی ہیں جو چھپنے اور پڑھے جانے والے افسانوں کی بنیادی صفات سمجھی جاتی ہیں؟

ریڈیو ایک خاص قسم کا ذریعۂ ابلاغ ہے، جس کی اپنی مخصوص پابندیاں ہیں۔ اس ذریعہ ابلاغ کے توسط سے جو بھی چیزیں لوگوں تک پہنچائی جاتی ہیں، انہیں تخلیق کرتے وقت ان پابندیوں کا لحاظ رکھنا ضروری ہے۔ ریڈیو سے نشر کی جانے والی چیزوں میں مختلف قسم کی ادبی تخلیقات بھی شامل ہوتی ہیں، اور ان ادبی تخلیقات کے نثری نمونوں میں سب سے زیادہ مقبولیت ڈراموں، فیچروں اور مختصر افسانوں کو حاصل ہے۔

ان تینوں صنفوں کے ریڈیو پر مقبول ہونے کا اثر ان اصناف کے تمام پہلوؤں کی خصوصیات پر پڑا ہے۔ ریڈیو کے لیے لکھے جانے والے ڈراموں اور فیچروں کا رنگ و آہنگ تو اس ذریعہ ابلاغ کی پابندی کے زیر اثر اتنا بدل گیا ہے کہ اب وہ عام ڈراموں اور فیچروں سے بالکل ہی مختلف چیز ہو کر رہ گئے ہیں اور ریڈیو ڈرامہ، اور ریڈیو فیچر کے نام سے انہیں علیحدہ اصناف کی حیثیت حاصل ہو گئی ہے۔

مختصر افسانے کو ابھی ریڈیو کے ذریعہ ابلاغ اور اس کی پابندیوں نے اتنا زیادہ متاثر نہیں کیا ہے کہ ریڈیو افسانہ جیسی کوئی الگ صنف وجود میں آ گئی ہو، لیکن کچھ نہ کچھ اثرات تو اس صنف پر بھی مرتسم ہوئے ہیں، اور اس صورتحال کے پیش نظر کہ مرتبے اور ہر صنف کے افسانہ نگار ریڈیو کے لیے افسانے لکھنے کی رغبت رکھتے ہیں، ان اثرات کے مستقبل میں بیش از بیش ہوتے جانے کے امکان کو مسترد نہیں کیا جا سکتا۔

آیئے ذرا دیکھیں کہ ریڈیو کے لیے جو افسانے لکھے جاتے ہیں، وہ کن پابندیوں سے دوچار ہوتے ہیں، اور یہ پابندیاں مختصر افسانے کی صنف پر کس کس طرح اثر انداز ہوتی ہیں، یا ہو سکتی ہیں؟

ریڈیو سے نشر ہونے والے افسانوں کی سب سے نمایاں پابندی وقت کی ہوتی ہے۔ عام طور پر ریڈیو پر افسانے پڑھنے کے لیے دس یا پندرہ منٹ کا وقت دیا جاتا ہے۔ اگر کبھی

کسی غیر معمولی پروگرام میں اس سے کچھ زیادہ وقت بھی مل جاتا ہے تو اس کا وقفہ پہلے سے متعین ہوتا ہے۔ گویا کسی بھی حالت میں ریڈیو کے لیے افسانہ لکھنے والے فنکار کو اپنی مرضی کے مطابق افسانے کی طوالت کا فیصلہ کرنے کا اختیار نہیں ہوتا، بلکہ اسے ہر حال میں ریڈیو کے مقرر کردہ وقفے کا پابند ہو کر اسی کی مناسبت سے اپنے افسانے کی طوالت کی حد بندی کرنی پڑتی ہے۔ بالعموم ریڈیو والے چونکہ دس یا پندرہ منٹ ہی کا وقت دیتے ہیں اس لیے ریڈیو پر پڑھا جانے والا افسانہ عموماً بس اتنا ہی بڑا ہو سکتا ہے کہ اس وقفے میں پڑھ کر ختم کر دیا جائے۔

اس طرح مختصر افسانے کی طوالت کے یقین کے متعلق جو فیصلے نقادوں کی بحثوں کی روشنی میں ہوئے تھے ان کی حدوں کو ریڈیو کی پابندی وقت نے توڑ دیا ہے۔ ریڈیو سے سنانے کیلیے جو افسانہ لکھا جاتا ہے اس کی طوالت پوری قطعیت کے ساتھ طے ہوتی ہے۔ یہ پابندی افسانہ نگار کے لیے ایک ایسی بندش ہے جو اس کے فن کے تمام گوشوں کو متاثر کر سکتی ہے۔ ہو سکتا ہے کہ افسانے کی جو ساخت وہ موضوع کے لحاظ سے مناسب سمجھتا ہو اسے محض وقت کی سخت پابندی کی وجہ سے نہ اختیار کر سکے۔ اسی طرح ممکن ہے کہ پابندئ وقت کی جکڑ بند اس کی انداز بیان اور زبان کے معاملے میں بھی اپنی پسند کی روش نہ اپنانے دے۔

ریڈیو کی بعض پابندیاں ایسی بھی ہوتی ہیں جو افسانے کے موضوعات کو بھی متاثر کرتی ہیں۔ ان پابندیوں کے نتیجے میں بہت سے موضوعات ریڈیائی مقاصد کے تحت تحریر کئے جانے والے افسانوں کے دائرے سے خارج ہو جاتے ہیں۔ اگر ریڈیو مکمل طور پر حکومت کے زیر اختیار ہو تو وہ سارے موضوعات افسانہ نگار کے لیے بالعموم شجر ممنوعہ ہوتے ہیں جو حکومت کی پالیسیوں کے خلاف ہوں۔ ریڈیو کے حکومت کے قبضے سے آزاد

ہونے کی صورت میں بھی کچھ موضوعات ان افسانوی تخلیقات کی بنیاد نہیں بنائے جاسکتے جنہیں ریڈیو سے نشر کیا جانا ہو، کیونکہ ریڈیو کے سامعین میں ہر ذہنی سطح کے افراد ہوتے ہیں، اور بعض موضوعات کو صحیح طور پر سمجھنے اور ان سے مناسب اثرات قبول کرنے کی صلاحیت تمام لوگوں میں نہیں ہوتی جس کی بناپر ان موضوعات پر مشتمل افسانوں کو ریڈیو سے نشر کرنا سماج کے حق مین بہتر نہیں ہوتا۔

اس سلسلے میں صرف ایک مثال پیش کر دینا کافی سمجھتا ہوں اور وہ یہ کہ سعادت حسن منٹو نے تقسیم ہند کے زمانے کے فسادات پر جو افسانے لکھے ہیں انہیں ایسے معاشرے میں بھی براڈ کاسٹ کرنا مناسب نہیں سمجھا جا سکتا، جہاں ریڈیو کو مکمل خود مختاری اور آزادی حاصل ہو۔ گویا یہ کہ ریڈیو کی پابندیاں افسانے کے موضوعات کو محدود کرتی ہیں۔

ریڈیو کے سامعین میں ذہین اور تیز طرار دماغ کے لوگوں کے ساتھ ساتھ کم سمجھ بوجھ اور سست ذہن والے افراد کی موجودگی کے باعث ریڈیو کے لیے لکھے جانے والے افسانوں کو اس پابندی کا بھی شکار ہونا پڑتا ہے کہ ان کی تکنیک سیدھی سادی ہو، تاکہ معمولی فہم رکھنے والوں کے لیے بھی ان کی تفہیم میں دشواری نہ ہو، کسی طرح کی پیچیدہ اور گنجلک تکنیک ریڈیو سے نشر ہونے والے افسانوں کے لیے موزوں نہیں ہوتی۔ مثال کے طور پر ان میں تجریدی افسانوں کی تکنیک کا استعمال مناسب نہیں قرار دیا جاسکتا۔

ریڈیو کا کوئی بھی نشریہ سنتے وقت چونکہ سننے اور سمجھنے کا عمل ساتھ ساتھ چلتا ہے اور اس میں کسی جگہ کچھ دیر ٹھہر کر دماغ پر زور دینے یا کسی بات کو دوبارہ سن کر اس پر مزید غور کرنے کی گنجائش نہیں ہوتی، اس لیے ریڈیو سے جو افسانے سنائے جاتے ہیں ان کے اندازِ بیان کا بھی سیدھا سادہ اور واضح ہونا لازمی ہوتا ہے۔ ریڈیو کی یہ پابندی انداز بیان کی

تہہ داری اور ایمائیت کو بھی بڑی حد تک افسانے کی حدود سے خارج کر دیتی ہے۔

ریڈیو سے نشر ہونے والی ہر چیز کی زبان کا آسان اور عام فہم ہونا ضروری ہے۔ یہ ریڈیو کی ایک ایسی پابندی ہے جس سے کسی صورت میں بھی گریز نہیں کیا جا سکتا، اور اس پابندی کی وجہ سے اس مخصوص ذریعہ ابلاغ کے لیے خصوصی طور پر لکھے جانے والے افسانوں کی زبان، عام ادبی افسانوں کی زبان سے مختلف ہو جاتی ہے۔

ریڈیو کے لیے افسانے لکھنے کے سلسلے میں مندرجہ بالا پابندیوں کا لحاظ رکھنے کے نتیجے کے طور پر ایسے افسانوں کا عالم وجود میں آنا یقینی ہے، جو ریڈیو کے مقاصد کے لیے کامیاب تخلیقات ثابت ہوں، لیکن اس کے ساتھ ہی ساتھ اس خطرے کے سر اٹھانے کا بھی امکان ہے کہ کہیں ان پابندیوں کو نظر میں رکھ کر افسانے تحریر کرنے کی روش کے فروغ سے مختصر افسانے کی صنف کا ادبی وقار مجروح نہ ہو۔

The restrictions of Urdu short story on radio. Essay: Dr. Akhtar Bastavi

***

۱۱

ترجمے کے رموز

رضا علی عابدی (لندن)

درج ذیل مضمون بی-بی-سی اردو کے معروف براڈکاسٹر جناب رضا علی عابدی کی کتاب "اخبار کی راتیں" سے ماخوذ ہے۔ اس کتاب کے چند مضامین

مصنف محترم کی اجازت

سے تعمیر نیوز پر پیش کیے جا رہے ہیں۔

مضمون-۱ :

ترجمے کے رموز-رضا علی عابدی

مضمون-۲ :

یہ مسائلِ تلفظ-رضا علی عابدی

مضمون-۳ :

زبان کا فن-رضا علی عابدی

جن لوگوں نے انگریزی بہت پڑھی ہو اور انہیں اردو پر بھی عبور حاصل ہو وہ اگر یہ سمجھتے ہیں کہ قلم اٹھائیں گے اور ترجمہ شروع کر دیں گے، وہ یہ خیال ذہن سے نکال دیں۔ ترجمے کا فن سب سے الگ ہے اور بڑی مشقت اور ریاضت مانگتا ہے۔

اس بات کو اس ذرا سی بات سے سمجھ لیجیے کہ In کا مطلب اندر اور Out کا مطلب باہر ہونا ضروری نہیں۔

ترجمہ زبان کا نہیں بلکہ تہذیب کا ہوتا ہے۔ ہر زبان کے اپنے بندھن اور اپنی پابندیاں ہوتی ہیں، ترجمہ کرتے وقت ایک تہذیب اور ایک ثقافت کو جدا تہذیب اور ثقافت میں منتقل کرنا ہوتا ہے۔

میں اکثر کہا کرتا ہوں کہ ترجمہ ایک ایسا پرندہ ہے جو ایک زبان سے اڑان بھرتا ہے، راہ میں اس زبان کا چولا اتار کر نیا چولا پہن کر دوسری زبان کی شاخ پر اترتا ہے۔

میں یہ بھی کہتا ہوں کہ Translation کچھ نہیں ہوتا، دراصل یہ Transformation ہوتا ہے۔ انگریزی اصطلاحیں لکھنے کے لئے معذرت خواہ ہوں۔

انگریزی اور اردو قواعد میں زمین و آسمان کا فرق ہے۔ یوں سمجھ لیجیے کہ انگریزی میں آسمان نیچے اور زمین اوپر ہے۔ کہنے میں یہ بات عجیب لگتی ہے مگر حقیقت یہی ہے کہ انگریزی جملے کی ساخت میں سب سے ضروری بات پہلے اور سب سے کم ضروری بات جملے کے آخر میں آتی ہے۔ اردو میں یوں نہیں ہوتا۔ مثال دیکھیے:

Ten People were Killed in an explosion in Baghdad this morning

لفظی ترجمہ یوں ہوگا: دس افراد مارے گئے، ایک دھماکے میں بغداد میں آج صبح۔

اس ترجمے پر دنیا ہنسے گی، لہٰذا ہم جملے کو الٹ دینے پر مجبور ہیں:

بغداد میں آج صبح ایک دھماکے میں دس افراد ہلاک ہو گئے۔

انگریزی میں سرخی ہوگی:

Ten People Killed in Baghdad

اردو میں سرخی یوں لگے گی: بغداد میں دس افراد ہلاک

اس کا کوئی علاج ہے؟ لوگ پوچھتے ہیں۔

اس کا علاج چھوٹے جملوں میں ہے۔ میں بتاتا ہوں۔ مثلاً:

"بغداد میں دس افراد مارے گئے۔ اطلاع یہ ہے کہ آج صبح وہاں ایک دھماکہ ہوا تھا۔"

لیکن لفظ "تھا" لگتے ہی خبر پر قدامت کا رنگ چھائے گا، لہٰذا مجبوری کی صورت میں یوں ہو سکتا ہے:

"بغداد میں آج صبح ایک دھماکے میں دس افراد ہلاک ہوئے ہیں۔"

خبروں میں صیغۂ ماضی سے گریز کیا جائے تو اچھا ہے۔ صیغۂ حال خبر کے تازہ ہونے کا احساس دلاتا ہے۔ اردو اخباروں کو اس کی عادت نہیں لیکن عادت بدلنے میں کسی کا کیا جاتا ہے؟

ترجمے کے بارے میں ایک بات بنیادی ہے۔ انگریزی سے اردو میں ترجمہ کی ہوئی عبارت میں کبھی کبھی صاف محسوس ہوتا ہے کہ یہ انگریزی سے ترجمہ ہے۔ ہمارے بعض رپورٹر اپنی خبریں انگریزی میں لکھتے ہیں جو برادر اخبار کے لیے اردو میں ترجمہ کی جاتی ہیں اور جن کا ایک ایک فقرہ بتا رہا ہوتا ہے کہ یہ ترجمہ ہیں اور یہ کہ مترجم اناڑی ہے۔

اس سے بچنا ضوری ہے اور یہی ترجمے کی خوبی ہے۔

ترجمے میں اصطلاح سازی ضرور ہونا چاہئے۔ جو اصطلاحیں رائج ہیں ان کا احترام کیا جانا چاہئے۔ بعض ایک عربی، فارسی یہاں تک کہ ہندی سے بھی اٹھائی جا سکتی ہیں، مثلاً: Subsidy کا ترجمہ 'زرِ تلافی' فارسی لغت سے ملا اور رائج ہو گیا لیکن Ransom کا اتنا ہی عمدہ ترجمہ 'زرِ خلاصی' بھی وہیں سے ملا لیکن اس نے رواج نہیں پایا۔

Fundamentalism کا ترجمہ 'بنیاد پرستی' وضع کرنا پڑا۔ Militant کا ترجمہ شدت پسند ٹھہرا۔ کچھ لوگ عسکریت پسند بھی کہنے لگے ہیں۔

Progress کا ترجمہ پیش رفت پہلے پہل راولپنڈی کے ایک اخبار کی سرخی میں نمودار ہوا تھا، فوراً قبول کر لیا گیا۔ Haven کا ترجمہ بہشت نہیں، کمیں گاہ یا جائے پناہ ہوتا ہے۔ Peace Process کا ترجمہ 'امن عمل' مجھے قبول نہیں کیونکہ کانوں کو بھلا نہیں لگتا۔ اس طرح anti-goverment کا ترجمہ 'حکومت مخالف مظاہرے' طبیعت پر گراں گزرتا ہے۔

ترجمے میں ایسا بارہا ہوتا ہے کہ مثال کے طور پر بارہ الفاظ کا انگریزی فقرہ اردو میں ترجمہ ہو کر سات الفاظ کا رہ جاتا ہے۔ اگر کبھی اس کے برعکس صورتحال پیدا ہو جائے تو یوں بھی صحیح۔ 'قیام امن کا عمل' اور 'حکومت کے خلاف مظاہرے' لکھنے میں کوئی بڑا نقصان تو نہیں۔

ایک اور ضروری بات:

ترجمہ کرتے ہوئے ڈکشنری دیکھنے میں شرمندگی کی کوئی بات نہیں۔ بہت ممکن ہے اس میں زیادہ مناسب لفظ مل جائے۔ اس کے علاوہ جس ادارے میں کئی لوگ بیٹھے لکھ رہے یا ترجمہ کر رہے ہوں، وہاں اپنے ساتھیوں سے مدد مانگنا ذرا بھی معیوب نہیں۔ یہ بات اس لیے بھی ضروری ہے کہ بعض اداروں کی اپنی مخصوص اصطلاحات اور ترکیبیں ہوتی ہیں اور عملے کے ہر فرد کے لیے بہتر ہوتا ہے کہ ادارے کا مخصوص انداز اختیار کرے۔ میں کبھی ڈکشنری دیکھتا ہوں تو اپنے ساتھیوں کو بتا دیتا ہوں کہ اس ترجمے پر عدالت میں طلبی ہو سکتی ہے۔

کہیں انگریزی یا یورپین لفظ استعمال کرنا پڑے تو بہتر ہے کہ اسی زبان کے تلفظ

میں کیا جائے مثلاً grand prix کو 'گراں پری' لکھا جائے۔ جیسا یہ لفظ نظر آ رہا ہے ویسا لکھا گیا تو نہایت معیوب ہو گا۔

تلفظ کی بات آ گئی تو اب ہم اس پر نہایت اہم موضوع کی طرف آتے ہیں۔ اردو میں ہندی کی طرح ماترائیں نہیں ہوتیں، نہ ہی زیر زبر لگانے کا رواج ہے۔ اس لیے بار ہا لوگ غلط تلفظ کرتے ہیں۔ اگلا باب سارا کا سارا اسی بارے میں ہے۔ امید ہے اس سے بہتوں کا بھلا ہو گا۔

The codes of translation. Essay: Raza Ali Abidi

***

۱۲

مغنی تبسم: ایک منفرد اور مختلف شخصیت

پروفیسر بیگ احساس

پروفیسر مغنی تبسم

پیدائش : ۱۳/ جون ۱۹۳۰(حیدرآباد)

وفات: ۱۵/ فروری ۲۰۱۲(حیدرآباد)

۲۶-۲۷ فروری ۱۹۹۹ کو نمائش کلب، حیدرآباد میں "جشن اعتراف خدمات پروفیسر مغنی تبسم" منایا گیا اور اس ضمن میں ۷۰ صفحات کا اہم، معلوماتی اور دیدہ زیب سوونیر شائع کیا گیا تھا۔۔۔ اس سوونیر کے اداریے میں پروفیسر بیگ احساس لکھتے ہیں:

پروفیسر مغنی تبسم اردو دانشوری کا ایک تسلسل ہیں۔ وہ ایک سنجیدہ، باوقار اور ہمہ جہت شخصیت کے مالک ہیں۔ ساری اردو دنیا میں ان کا نام احترام سے لیا جاتا ہے۔ وہ ایک شاعر، نقاد، استاد، اسکالر، مدیر، اردو تحریک کے سرگرم کارکن اور اچھے منتظم ہیں۔

پہلی کرن کا بوجھ، مٹی مٹی میرا دل، آواز اور آدمی، لفظوں سے آگے، فانی-حیات شخصیت اور شاعری، سب رس اور شعر و حکمت کے ذریعے انہوں نے ادب کے گلوب پر حیدرآباد کا نام نمایاں کیا۔

پروفیسر مغنی تبسم نے ہمیشہ اپنے ذہن و دل کی کھڑکیاں کھلی رکھیں۔ ادب کے

بدلتے ہوئے رجحانات کا کھلے دل سے استقبال کیا اور کبھی انتہا پسندی کا شکار نہیں ہوئے۔ اپنے معقول و معتدل رویے کے باعث وہ آج حیدرآباد کی سب سے محبوب شخصیت ہیں۔ مخدوم اور سلیمان اریب کے بعد حیدرآباد کے ادبی ماحول میں جو خلا پیدا ہوا تھا اسے بڑی حد تک مغنی تبسم صاحب نے پورا کیا۔

پروفیسر مغنی تبسم حرکت و عمل کے فلسفے پر ایقان رکھتے ہیں۔ وہ ہمہ تن مصروف رہتے ہیں۔ ادارہ ادبیات اردو کے معتمد عمومی کا عہدہ سنبھالنے کے بعد انہوں نے ادارے کو عصری تقاضوں سے ہم آہنگ کیا۔ ڈاکٹر زور کے مسن کو وہ پوری جاں فشانی سے پورا کر رہے ہیں۔

تقاریب اعترافِ خدمات کے سلسلے میں اس سوونیر کی اشاعت عمل میں آ رہی ہے۔ اس بات کی پوری کوشش کی گئی ہے کہ اس مختصر سے سوونیر میں ان کے فن اور شخصیت کے تمام پہلو ابھر کر آئیں۔ ویسے اس بحرِ بے کراں کو سمیٹنا ایک شیریں دیوانگی ہی تو ہے۔

سوونیر میں عوض سعید، خالد قادری اور ڈاکٹر بیگ احساس کے تحریر کردہ خاکے جہاں شامل ہیں وہیں مغنی تبسم کی تہنیت میں شہریار، رحمٰن جامی، حمید الماس، ڈاکٹر سید حسن، ڈاکٹر محمد علی اثر اور ڈاکٹر ایم۔ صفدر علی بیگ کی منظومات بھی شائع کی گئی ہیں۔

تابش دہلوی، شمس الرحمن فاروقی، آزاد گلاٹی، مشفق خواجہ، مرزا خلیل احمد بیگ، محمد علوی، بلراج کومل اور نیر مسعود کے مغنی تبسم کو تحریر کردہ خطوط شامل ہیں اور روزنامہ جنگ کراچی میں شائع شدہ وہ انٹرویو بھی نقل کیا گیا ہے جو حسن رضوی نے مغنی تبسم سے لیا تھا۔

سوونیر میں مغنی تبسم کی ۱۰ غزلیں، ۷ نظمیں، ماہنامہ 'سب رس' کے تین اداریے،

نسائی تنقید پر ایک مضمون اور ن۔م۔راشد کی نظم 'مرگ اسرافیل' کا تجزیہ بھی شامل کیا گیا ہے۔

ذیل میں ڈاکٹر بیگ احساس کا تحریر کردہ مضمون پیش خدمت ہے۔

مغنی تبسم صاحب ایک منفرد ORIGINAL اور مختلف DIFFERENT شخصیت کے مالک ہیں۔ مجھے ان کا یہی انوکھا پن بہت متاثر کرتا ہے۔ مجھے دوسروں سے مختلف لوگ اچھے لگتے ہیں۔ ایسے لوگ جو کسی کی تقلید نہیں کرتے، جن کی شخصیت میں کسی کا پرتو نہیں ہوتا۔ جن کی سوچ کا زاویہ نیا ہوتا ہے، جو اپنا راستہ آپ بناتے ہیں۔ مغنی صاحب کو میں نے مختلف کہا تو یوں ہی نہیں کہہ دیا۔ میں آپ کو بتاتا ہوں کہ وہ دوسروں سے کتنے اور کہاں کہاں مختلف ہیں لیکن میری یہ مجبوری ہے کہ میں وہی بتا سکوں گا جو میں نے دیکھا ہے میں نے انہیں بہ حیثیت استاد دیکھا ہے۔ ان کے رفیق کار کی حیثیت سے شعبۂ اردو میں چھ برس ساتھ کام کیا ہیا ور ادبی انجمن حیدرآباد لٹریری فورم کے وہ صدر اور میں معتمد عمومی رہا۔ بہ حیثیت طالب علم میں نے انہیں دیکھا تو وہ اردو کے دوسرے اساتذہ سے بالکل مختلف لگے۔ اس لئے نہیں کہ شیروانی زدہ ماحول میں وہی ایک استاد تھے جو سوٹ پہنا کرتے تھے بلکہ ان کے پڑھانے کا انداز بھی منفرد تھا۔ وہ بہت رک رک کر دھیرے دھیرے بولتے ہیں۔ نہ لہجے میں اتار چڑھاؤ نہ چہرے پر تاثرات، نہ ہاتھوں کو حرکت نہ ابروؤں میں جنبش، بس بولتے چلے جاتے ہیں جیسے پتھر پر پانی کی بوند مسلسل گر رہی ہو۔ ان کا یہ لکچر ان طالب علموں کے لئے کارکرد ثابت ہوتا ہے جو ادب سے واقفیت رکھتے ہوں۔ وہ موضوع سے ہٹ کر کبھی نہیں بولتے، نہ غیر متعلق باتوں میں وقت صرف کرتے ہیں۔ مغنی صاحب کی گفتگو، لکچر اور تقریر میں کوئی خاص فرق نہیں ہوتا البتہ علمیت سب میں ہوتی ہے۔

ایم۔ اے کرنے کے بعد حیدرآباد یونیورسٹی میں پی ایچ۔ ڈی کے لئے داخلہ ملا۔ اپنے مقالے کے موضوع کے انتخاب کے لئے میں مغنی صاحب کے پاس پہنچا۔ بہت دیر تک سوچ میں مستغفرق رہنے کے بعد کہا۔۔۔۔ 'اردو ناول پر کافکا کا اثر" پر کام کیجئے۔ یہ موضوع اتنا مختلف تھا کہ گیان چند جی نے کہا میں اس موضوع پر کام کروانے کا اہل نہیں ہوں چناں چہ مجھے کرشن چندر پر کام کرنا پڑا۔ اس موضوع پر کام نہ کرپانے کا افسوس مجھے آج تک ہے۔ ان دنوں حیدرآباد یونیورسٹی میں اساتذہ کے باضابطہ تقررات نہیں ہوئے تھے۔ عثمانیہ یونیورسٹی کے اساتذہ پارٹ ٹائم کلاس لیا کرتے تھے۔ جین صاحب نے مغنی صاحب کی خدمات حاصل کیں۔ مغنی صاحب ٹھیک وقت پر اپنی سرخ آسٹن میں ناز مرحومہ کے ساتھ یونیورسٹی آتے، گولڈن تھریشولڈ کی مختصر سی عمارت میں یونیورسٹی تھی۔ جب تک مغنی صاحب کلاس پڑھاتے ناز مرحومہ کار میں بیٹھی ہوتیں یا لائبریری میں چلی جاتیں طلبہ مغنی صاحب، ان کی بیگم اور گاڑی کے بارے میں پراسرار باتیں کرتے۔ مجھے یہ سب اچھا نہیں لگتا، ہم اپنے معاملات سے زیادہ دوسروں کے معاملات میں دلچسپی کیوں لیتے ہیں۔۔۔۔۔۔۔۔ میں سوچتا۔۔۔۔۔۔۔۔ جین صاحب مغنی صاحب سے بہت متاثر تھے جدید ادب کے بارے میں ان کی معلومات کے معترف تو تھے ہی انہیں بہ حیثیت شاعر بھی تسلیم کرتے تھے۔ حیدرآباد یونیورسٹی میں اردو ایسوسی ایشن بنی تو ہم نے جین صاحب سے مشاعرے کی بات کی۔ انہوں نے کہا حیدرآباد میں شاعر کون ہے؟ ایک شاذ تمکنت دوسرے مغنی تبسم۔ شفیق فاطمہ شعری کو میں نے صرف پڑھا ہے ان سے ملا نہیں۔۔۔۔۔۔۔۔ اب کچھ لوگ مغنی صاحب کو شاعر کی بجائے صرف نقاد تسلیم کرتے ہیں اور ان کے خلاف مہم چلاتے ہیں تو حیرت ہوتی ہے۔

بہ حیثیت لکچرار عثمانیہ یونیورسٹی آیا اور پھر آرٹس کالج میں پوسٹنگ ہوئی تو مغنی

صاحب کے ساتھ کام کرنے کا اعزاز حاصل ہوا۔ مغنی صاحب ٹھیک وقت پر کالج آجاتے ۔ان کے آتے ہی چپراسی تھرماس لے کر نکل جاتا۔ ان کے لئے چائے اور سگریٹ لے آتا۔ مغنی صاحب نے کمرے کے آخری گوشے میں ایک حصہ مطالعے کے لئے مختص کرلیا تھا۔۔۔۔۔۔۔۔بریف کیس کھول کر وہ مصروف ہو جاتے ، پورے چھے برس میں ان کے ساتھ رہا میں نے کبھی انہیں بے کار نہیں دیکھا۔ اسی مخصوص گوشے میں مصروف رہتے۔ سامنے والے حصے میں وہ کلاس لیا کرتے۔ کبھی طلبہ کی تعداد زیادہ ہو تو کلاس روم چلے جاتے۔ مغنی صاحب اصول کے پابند ہیں کہیں کسی میٹنگ میں شرکت کرنی ہو، ریڈیو یا ٹی، وی ریکارڈنگ ہو کسی وجہ سے کالج آنے میں تاخیر کا اندیشہ ہو۔ وہ قبل از وقت صدر شعبہ کو مطلع کر دیتے۔ کالج سے لوٹتے ہوئے بھی صدر شعبہ کو بتا کر جاتے۔ مغنی صاحب نہ کسی صدر شعبہ کے لئے مسئلہ بنے اور نہ خود بہ حیثیت صدر شعبہ کسی کے لئے مسئلہ کھڑا کیا۔

مغنی صاحب چائے کے عادی ہیں۔ جب تک شعبہ میں رہتے ہیں چپراسی کو احکام دیے گئے تھے کہ تھرماس خالی ہوتے ہی اسے بھر دیا جائے۔ چائے میں بھی تنوع کے قائل ہیں۔ کبھی کینٹین کی چائے آتی تو کبھی اٹنڈر اپنے گھر سے بنوا کر لاتا۔ کبھی ڈکاکشن تھرماس میں لے آتے اور اس میں لیمو کا رس ملا کر پیش کرتے۔ کبھی صرف گرم پانی لے آتے اور اس میں ٹی بیاگ ڈبو کر چائے پیتے اور پلاتے۔ لوگوں کی بوکھلاہٹ اور حیرت سے لطف اندوز ہوتے اور ہلکے سے مسکرا دیتے جیسے ان کا مقصد حل ہو گیا ہو۔ سگریٹ کے سلسلے میں یہی ہوتا۔ سیدھے سادھے سگریٹ استعمال کرتے کرتے پائپ یا سگار پینا شروع کر دیتے۔ کبھی پیپر سے سگریٹ بنالیتے۔ میں نے انہیں بیڑی پیتے ہوئے بھی دیکھا ہے۔

لباس کے سلسلے میں یہی کیا۔ عام طور پر لوگ پروفیسر ہونے کے بعد سوٹ پہننا ضروری سمجھ لیتے ہیں۔ مغنی صاحب نے پروفیسر ہونے کے بعد سوٹ پہننا ترک کر دیا۔ تقلید کرنے والے حیران رہ گئے۔ اب بعض خاص موقعوں پر جودہ پوری کوٹ پہنتے ہیں۔ جودہ پوری کوٹ ہر جسم پر سجتا نہیں اس لئے تقلید کرنے والے گومگو کیفیت میں ہیں۔

ادب میں بھی یہی رویہ ہے۔۔۔۔۔۔ ان کے نظریات میں تبدیلی آتی رہتی ہے۔ پہلے وہ ترقی پسند تھے اور کمیونسٹ پارٹی سے وابستہ تھے لیکن بعد میں ان کے ہاں تبدیلی آئی۔ مغنی صاحب اگر نہ ہوتے تو حیدرآباد میں ترقی پسند تحریک سے انحراف کی جو بنیاد سلیمان اریب اور وحید اختر ڈال گئے تھے وہ اتنی ترقی نہ کرتی۔ جدیدیت کے رجحان کو فروغ دینے میں اور پوری ایک نسل جدید لکھنے والوں کی تیار کرنے میں مغنی صاحب کا اہم رول ہے اور تو اور روایتی انداز میں برسوں سے لکھنے والوں کو بھی انہوں نے جدید انداز اختیار کرنے پر مجبور کر دیا۔ جس کی ایک مثال عوض سعید ہیں جنہوں نے بہت اچھی جدید کہانیاں لکھیں۔ مغنی صاحب جدید شاعری اور جدید افسانے کا اتنی خوب صورتی سے تجزیہ کرتے تھے کہ خود فن کار کی وقعت اس کی اپنی نظر میں اونچی ہو جاتی۔ وہ خود کو کچھ سمجھنے لگتا۔ اب ادھر پھر ایک تبدیلی آئی ہے۔ وہ مہمل قسم کی تجریدی تحریروں کی مخالفت کرنے لگے ہیں۔ ان کا خیال ہے کہ اب اگر ترقی پسندی باقی نہیں رہی تو جدیدیت بھی باقی نہیں ہے۔ پھر ایک بڑا گروپ مغنی صاحب کی اس بات کو تسلیم کرنے لگا ہے۔ مغنی صاحب کی جدت اور دوسروں کی تقلید کا یہی فرق ہے کہ مغنی صاحب بہت سوچ سمجھ کر کوئی موقف اختیار کرتے ہیں اور پھر اس کی بھرپور مدافعت بھی کرتے ہیں اور دوسروں کو قائل بھی کرتے ہیں۔

تحقیق کے معاملے میں بھی سخت رویہ اختیار کر رکھا ہے۔ ان کی نگرانی میں وظیفے

سے قبل ایک اور وظیفے کے بعد دو پی ایچ۔ڈی ہوئے۔ ان میں جنہوں نے پی ایچ۔ڈی مکمل کر لی ان کے مقالے اور موضوعات مغنی صاحب کے مزاج سے مطابقت نہیں رکھتے۔ جو پی ایچ۔ڈی کے مقالے ادھورے رہ گئے ہیں وہ عین مغنی صاحب کے مزاج کے مطابق تھے۔ایک مقالہ وہ ن۔م۔راشد پر لکھوا رہے تھے دوسرا میراجی پر۔۔۔۔ دونوں ہی مکمل نہ ہو سکے۔۔۔۔۔۔ حالانکہ مغنی صاحب نے اپنے اسکالروں کی ہر طرح مدد کی حتی کہ اپنی لائبریری اور مکان کی کنجی تک ایک اسکالر کو سونپ دی کہ وہ فرصت کے اوقات میں اور یکسوئی کے لئے ان کے مکان اور لائبریری سے بھرپور استفادہ کرے ۔لیکن ان کا وہ اسکالر جو خیر سے اب پروفیسر ہے زیادہ تر ان کے فریج سے استفادہ کرتا رہا ۔۔۔ آج بھی ن۔م۔راشد پر کام مکمل نہیں ہوا۔ اس خواہش کی تکمیل مغنی صاحب نے اس طرح کی کہ شعر و حکمت کا ایک نمبر ن۔م۔راشد پر شائع کر دیا۔ پھر شعر و حکمت کے دوسرے دور میں انہوں نے میراجی پر گوشہ شامل کیا۔

تدریسی تحقیق سے شاکی ہیں۔ اس کے لئے اسکالروں سے زیادہ اساتذہ کو ذمہ دار سمجھتے ہیں ۔ ایک بات کہنے لگے ہمارے اساتذہ نے تحقیق کی بد خدمتی کی ہے ۔ ایک مقالے کا عنوان ہوتا ہے ،ڈاکٹر زور اور ان کے رفقا" دوسرے مقالے کا عنوان "رفقا اور ان کے ڈاکٹر زور" ہوتا ہے۔ پھر انہوں نے لطیفہ سنایا کہ ایک وائس چانسلر تھے جنہیں اچانک تنقیح کرنے کا شوق تھا۔ نظام کالج پہنچے اور لیب جا کر ایک اسکالر سے دریافت کیا" آپ کیا کام کر رہے ہیں؟ اسکالر نے جواب دیا میں موز کے پتے سے کاغذ بنانے کے امکانات پر ریسرچ کر رہا ہوں۔ بہت خوش ہوئے اور کہا کہ کیے جایئے ،کیے جایئے۔۔۔ دوسرے کالجس پر اطلاع پہنچی کہ وائس چانسلر کالجس کا معائنہ کر رہے ہیں۔ سب پہلے ہی سے تیار ہو گئے۔ سیف آباد کالج جا کر انہوں نے سائنس کے ایک اسکالر سے وہی سوال

کیا کہ وہ کیا تحقیق کر رہا ہے۔۔۔۔۔۔ اس نے جواب دیا: "سر میں کاغذ سے موز کا پتہ بنانے کے امکانات پر ریسرچ کر رہا ہوں۔ وی۔ سی صاحب خوش ہوئے اور کہا کہ کیے جایئے۔۔۔۔کیے جایئے" کہنے لگے ہماری ریسرچ کا بھی یہی حال ہے۔

میں نے لکھا ہے کہ وہ چونکانے کے عادی ہیں۔ کالج میں ہم سب اکٹھے لنچ کرتے۔ لنچ کے بعد چائے کے دوران ادھر ادھر کی گفتگو ہوتی۔ لنچ کے دوران پروفیسر صاحبان نے مغنی صاحب کو بڑے فخر سے یہ بات بتائی کہ وہ دونوں صبح Walking کرنے لگے ہیں۔

مغنی صاحب نے پوچھا اس سے کیا ہوتا ہے؟

"عمر بڑھتی ہے۔" دونوں نے یک زبان کہا۔

کہنے لگے "اتنی ہی عمر بڑھتی ہے جتنا چہل قدمی میں وقت ضائع ہوتا ہے۔"

دونوں مایوس ہو گئے پھر پوچھا۔

"اچھا تو پھر طویل عمر پانے کے لئے کیا کرنا چاہئے؟"

مغنی صاحب نے کہا: "افیون استعمال کیجئے۔"

لنچ کے بعد اکثر پرانے قصے سنایا کرتے۔ ایک بار بتایا کہ انہیں روحیں بلانے کا شوق تھا۔ انہوں نے احباب کے سامنے باضابطہ روحوں کو بلایا ہے ان کا معمول "ناظم القعاد" تھا جس کے ذریعے وہ مطلوبہ روحوں کو بلاتے۔ کبھی کبھی اس میں گڑبڑ ہو جاتی۔ ایک بار وہ کسی دوست کے مرحوم باپ کو بلانا چاہتے تھے لیکن مشہور ناولسٹ کی بیوی "سلومی وافیکا کی روح آگئی۔ عورتیں مرنے کے بعد بھی مغنی صاحب کا پیچھا نہیں چھوڑتیں۔

مغنی صاحب ذہین آدمی ہیں لیکن ذہین آدمیوں کی طرح چرب زبان نہیں ہیں۔ بہت سوچ سمجھ کر گفتگو کرتے ہیں بلکہ سوچتے زیادہ ہیں گفتگو کم کرتے ہیں۔ اسی وقت بولتے ہیں جب انہیں یقین ہو کہ لوگ انہیں پوری توجہ سے سن رہے ہیں۔ اکثر اوقات

صرف ہاں، ہوں سے کام لیتے ہیں۔ ایک روز ہمارے ساتھی کالج تاخیر سے آئے انہوں نے مغنی صاحب سے معذرت کی اور کہا:

"آج تاخیر ہو گئی۔"

"ہوں" مغنی صاحب نے جواب دیا۔

"میں حاضری رجسٹر میں دستخط کر دوں؟"

فرمایا "ہوں۔"

انہوں نے دستخط کئے اور کہا

"میں کلاس پڑھانے جا رہا ہوں۔"

کہا "ہوں"

کلاس کے بعد ایک میٹنگ میں شرکت کروں گا۔

جواب ملا "ہوں"

میٹنگ کے بعد جلد لوٹ جانا چاہتا ہوں۔

"ہوں"

"تو پھر اجازت ہے میں جاؤں۔---------"

"ہوں"

اکثر خالی خالی نظروں سے دیکھتے ہیں جیسے وہ ہمارے سامنے نہ ہوں کہیں اور ہوں۔

آپ کوئی واقعہ سنایئے وہ خالی خالی نظروں سے دیکھتے رہیں گے کافی دیر بعد آپ یہ سوچ کر کہ مغنی صاحب نے آپ کی بات کو قابل توجہ نہیں سمجھا کوئی اور موضوع چھیڑ دیں گے تو وہ پہلی بات کا جواب دیں گے۔

مغنی صاحب کو میں نے شدید غصے میں بھی بے قابو ہوتے نہیں دیکھا۔ کسی بات پر

وہ الجھتے نہیں خود کو الگ کر لیتے ہیں۔ بہت غصہ آئے تو اتنا ہی کہیں گے :

"اگر آپ یہ کام نہیں کر سکتے تھے تو ذمہ داری قبول کرنا نہیں چاہئے تھا۔"

وارث علوی سے جھگڑے کے چرچے ہوئے۔ بعد میں مغنی صاحب نے اصل واقعہ سنایا تو پتہ چلا مغنی صاحب نے وہاں بھی غصے سے کم، ضبط سے زیادہ کام لیا تھا۔ اکثر اصولوں کی خاطر اڑ جاتے ہیں۔ مثلاً "حلف" کی عاملہ اس وقت تک نہیں بلائی جب تک کہ حسابات مکمل نہیں ہوگئے۔ ان کا اس طرح اڑ جانا کسی بھی تنظیم کے حق میں فائدہ مند ہی ہوتا ہے

۔

اپنی کم گوئی اور نظریات میں بار بار تبدیلیوں کے باوجود وہ محبوب شخصیت کے مالک ہیں۔ اورینٹ ہوٹل کے ختم ہو جانے کے بعد۔۔ صبا کا دفتر بند ہونے اور سلیمان اریب کے انتقال کے بعد اب حیدرآباد میں مغنی صاحب ہی وہ واحد شخصیت ہیں جن کے اطراف ہر نقطہ ، نظر کے ادیبوں شاعروں و دانش وروں کا مجمع لگا رہتا ہے۔ ان میں روایت پسند، ترقی پسند، وجدید سب ہی ادیب و شاعر موجود رہتے ہیں۔ ایک طرف خوش حال ادیب و شاعر ہیں جن کے پاس ٹیلی فون اور شراب کی بوتلیں ہیں اور دوسری طرف مفلوک الحال اور شراب سے نفرت کرنے والے ہیں۔ ان میں انگریزی کے اساتذہ بھی ہیں ایزک سکویرا، کمار صاحب، سراج الدین صاحب، تقی علی مرزا صاحب سے لے کر جمیلہ نشاط اور خالد قادری تک۔۔ عزیز آرٹسٹ، ایم۔ اے۔ قدوس ایڈوکیٹ، اسامہ فاروقی، غلام جیلانی، راشد آذر بھی ہیں۔ بزرگوں میں ہاشم علی اختر صاحب، محبوب حسین جگر صاحب اور راج بہادر گوڑ صاحب ہیں۔ ان کے علاوہ سارے جدید افسانہ نگار اور شاعر ان کے دوست ہیں۔ مغنی صاحب کی شخصیت میں ایک کشش ہے ایک جادو ہے، ایک مقناطیسیت ہے کہ لوگ کھنچے چلے آتے ہیں ان کی زنبیل میں ہر قسم کا آدمی ہے ایک

طرف ادب سے دلچسپی رکھنے والے ذہین شاعر و ادیب ہیں دوسری طرف نسبتاً کم تر درجے کی ادبی صلاحیتیں رکھنے والے لیکن تنظیمی امور میں ماہر و فعال افراد ہیں مغنی صاحب دونوں زمروں کے افراد سے مناسب کام لیتے ہیں، اور اس طرح لیتے ہیں کہ ہر شخص خود کو اہم سمجھتا ہے۔ ماتحتین کے ساتھ مغنی صاحب کا رویہ مربیانہ ہے وہ انہیں کبھی تکلیف نہیں پہنچاتے۔ ان کی ضروریت کو اپنی گرہ سے پورا کرتے ہیں چنانچہ جب تک وہ یونیورسٹی میں رہے قاسم صاحب ان کے ساتھ رہے اب دونوں وظیفہ پا رہے ہیں لیکن اب بھی قاسم صاحب مغنی صاحب کے ساتھ ہیں۔ مغنی صاحب کا دائرہ احباب وسیع ہے لوگ آتے اور جاتے رہتے ہیں چہرے بدلتے رہتے ہیں لیکن قدیر زماں سے ان کے تعلقات ویسے ہی ہیں، ایک روز اقبال اکیڈمی میں کہنے لگے آپ کا اور میرا ساتھ ابلیس اور یزداں کا ہے میں بھی آپ کے دل میں کانٹے کی طرح کھٹکتا رہتا ہوں۔

کوئی مضمون لکھنا ہو کوئی ریڈیو ٹاک ہو مغنی صاحب سے مشورہ کیجئے وہ پوری مدد کریں گے استفادے کے لئے وہ اپنی کتابیں بڑی فراخ دلی سے دیتے ہیں۔

کسی کام کی ذمہ داری لیتے ہیں تو اسے خوش اسلوبی سے پورا کرتے ہیں۔ "سب رس" کی ادارت سنبھالی اسے پابندی سے شائع کر رہے ہیں۔ ادارہ، ادبیات اردو کے امتحانات ٹھیک وقت پر منعقد ہو رہے ہیں۔ ساہتیہ اکیڈیمی کے زیر اہتمام ٹرانسلیشن پر روک شاپ کیا۔ اور اپنے اسٹائل سے کیا سارے مندوبین خوش رہے۔ لنچ کا ایسا شاندار انتظام کیا کہ شرکا کہیں اور مصروف بھی ہوتے تو لنچ کے وقت پر آجاتے۔ انتظامات کو اپنے انداز میں کرنے میں ان کی جیب سے کافی پیسہ خرچ ہوتا ہے۔ ان کی پیشانی پر بل تک نہیں پڑتا اور نہ کبھی اس کا ذکر کسی کے سامنے کرتے ہیں۔

باہر سے کوئی شاعر و ادیب محقق و نقاد آئے وہ مغنی تبسم صاحب سے واقف ہوتا

ہے۔ مغنی صاحب اس کے اعزاز میں جلسہ کرتے ہیں۔ اس کے قیام و طعام کا انتظام کرتے ہیں اس کے گھومنے اور شاپنگ کرنے کے لئے سواری اور آدمی کا انتظام کرتے ہیں اور آخر میں اسے چھوڑنے ایرپورٹ تک جاتے ہیں ساقی فاروقی۔ جمیل جالبی سے لے کر لطف الرحمن تک سب مغنی صاحب کے حوالے سے حیدرآباد کی ادبی فضا سے متعارف ہوتے ہیں۔ آج کل مغنی صاحب نے ادیبوں اور شاعروں کی ویڈیو کیسیٹس تیار کروانے کا کام شروع کیا ہے۔ بلراج کومل، شہریار، انتظار حسین اور آصف فرخی کے ویڈیو کیسٹس تیار کیے اور اپنے پاس محفوظ رکھے۔

مغنی صاحب کا سب سے بڑا وصف ان کی شائستگی ہے۔ وہ شائستہ آدمی ہیں کبھی ضبط وشائستگی کا دامن ہاتھ سے نہیں چھوڑتے۔ کبھی اوچھی حرکت نہیں کرتے وہ بہت ظرف کے آدمی ہیں۔ ہرم عاملے میں وہ سلیقہ ملحوظ رکھتے ہیں۔ مغنی صاحب چور ضمیر GULTY CONCIENCE نہیں ہیں۔ وہ ہر کام بہ بانگ دہل کرتے ہیں۔ انہوں نے کبھی فرشتہ بننے کی کوشش نہیں کی لوگ جسے گناہ اور کمزوری سمجھتے ہیں وہ مغنی صاحب کی طاقت ہے۔ ان کی "بے راہ روی" میں ایک شیریں دیوانگی ہوتی ہے۔ انہوں نے اپنی کسی کم زوری سے دوسروں کو نقصان نہیں پہنچا۔ ان کی کمزوریاں ان کی ذات تک محدود رہیں۔

کرم کیا کہ گناہوں کی دی مجھے توفیق
کرم کرے گا گناہوں کی جب سزا دے گا

مغنی صاحب ہمیشہ فٹ رہتے ہیں۔ میں نے انہیں کبھی سست نہیں دیکھا۔ کبھی مضمحل نہیں دیکھا۔ کبھی داڑھی بڑھی ہوئی بال بکھرے ہوئے نہیں ہوتے۔ کبھی وہ شکن آلود لباس میں نظر نہیں آتے۔ وہ اپنے غموں اور بیماریوں کا کبھی تذکرہ نہیں کرتے۔ کوئی

بیماری کے سلسلے میں پوچھے تو مختصراً جواب دیتے ہیں۔ بیماریوں کا دفتر نہیں کھول دیتے۔ وہ "قابل رحم" بننا نہیں چاہتے۔ اندر سے ٹوٹ کر رہ گئے ہیں لیکن ان کا یہ غم ان کی ذات اور شاعری تک محدود ہے۔ ناز صدیقی ان سے بچھڑ گئیں۔ اپنے بھائی اور بہنوئی کا صدمہ جھیلا۔ عالم خوندمیری صاحب شاذ اور قیسی ان کا ساتھ چھوڑ گئے۔ لیکن مغنی صاحب نے احباب کی محفل کو گرمائے رکھا۔

آج کل جدید شاعری کا عمدہ انتخاب کر رہے ہیں۔ اپنی ذاتی تشہیر کے بالکل قائل نہیں ہیں۔ دوسروں کی کتابوں کی رسم اجرا کا بڑا چاؤ سے اہتمام کرتے ہیں لیکن اپنی کتاب "مٹی مٹی میرا دل" کی رسم اجراء نہیں کی رسم اجراء کی تجویز رکھی گئی تو انہوں نے سخت مخالفت کی۔ اسی طرح لندن اور امریکہ گئے، کئی اہم سمیناروں میں شرکت کی، ساہتیہ اکیڈیمی کے ممبر رہے کسی کی تشہیر نہ کی۔

اپنے اسٹائل سے زندگی گزارنے کے عادی ہیں۔ اپنے بھائی کے ریسیڈنشیل کامپلکس میں ایک اچھا خاصا بڑا سا مکان لے رکھا ہے اس سے قبل جو مکان میں تھے وہ بھی ان کے لئے کافی تھا لیکن اب کشادہ مکان میں آگئے ہیں۔ مغنی صاحب تنہائی پسند ہیں۔ شام تک وہ بے حد مصروف رہتے ہیں۔ مغرب کے بعد مخصوص احباب آجاتے ہیں۔ پھر جب رات بھیگنے لگتی ہے تو سارے دوست احباب اپنے اپنے گھروں کو لوٹ جاتے ہیں۔ محفلوں کا اہتمام کرنے والا، سمیناروں میں شرکت کرنے والا۔ دوستوں کو رسیو کرنے اور ایر پورٹ چھوڑنے والا یہ شخص، ادارہ، ادبیات اردو "سب رس"، "شعر و حکمت"، "مضامین"، "پروف ریڈنگ، میٹنگس۔۔۔ وہ شخص جس نے اپنے کئی شاگردوں کو استاد بنایا۔ جس نے اپنی مناسب رہنمائی سے کئی فن کاروں کو اسٹابلش کیا، رات میں تنہا ہو جاتا ہے۔ بچے غیر ممالک میں اچھی پوسٹ پر ہیں اور اپنی زندگی میں مگن

ہیں۔ مغنی صاحب کے وجود میں سناٹا اتر آتا ہے۔

ایک روز مزاج پرسی کو گیا۔ گھر کا واحد دروازہ اور ساری کھڑکیاں اندر سے بند تھیں ۔ بیل بجائی۔ دو بار تین بار۔۔۔۔۔ آواز نہیں آئی دل زور زور سے دھڑکا۔۔۔۔ پھر اندر سے مغنی صاحب نے آواز دی، سمجھ میں نہیں آیا کہ انہوں نے کیا کہا، میں آواز سن کر مطمئن ہو گیا۔

Mughni tabassum, an original, versatile and prominent laureate. Essay: Prof. Baig Ehsaas

***

۱۳

دھرم پال گپتا وفا: نعت مرثیہ اور عرفان کا شاعر

ڈاکٹر علی عباس

کہتے ہیں کہ کسی زمانے میں ایک باغبان کی ایک صرّاف سے دوستی تھی۔ باغبان جب اپنے دوست سے ملتا، اسے اپنے باغ میں آنے کی دعوت دیتا اور کہتا کہ فصلِ گُل ہے، بڑے رنگین و حسین پھول کھِلے ہیں۔ آخر ایک دن صراف اپنے دوست کے باغ میں پہنچا تو وہ اپنے ساتھ اپنی کسوٹی بھی لے گیا اس نے باغ میں پہنچتے ہی ہر پھول کو اپنی کسوٹی پر کسنا شروع کیا اور ہر پھول کو مسل کر پھینکنے لگا۔ صراف باغبان سے بولا کہ " تمہارے باغ کا کوئی بھی پھول ہماری کسوٹی پر پورا نہیں اُتر رہا ہے، تم تو اِن کی بڑی تعریف کیا کرتے تھے "۔ باغبان نے مسکرا کر جواب دیا کہ " پھولوں کی کسوٹی اور ہوتی ہے اور وہ آپ کے پاس نہیں ہے، اس لیے آپ پھولوں کی قدر و قیمت کا تعین نہیں کر سکتے "۔ صراف بہت حیران ہوا اور بولا۔ " کیا کوئی اور بھی کسوٹی ہوتی ہے؟ ہم تو ابھی تک اپنی کسوٹی ہی کو کسوٹی سمجھتے آئے ہیں اور ہماری کسوٹی پر آپ کے پھول نہیں اُترے، بس اتنا ہم جانتے ہیں۔"

باغبان سمجھ گیا کہ صرّاف میں اس لطیف شے کی کمی ہے جس سے پھولوں کے حسن و جمال اور رنگ و نکہت سے لطف اندوز ہوا جاتا ہے، یعنی وہ بالکل ہی ذوقِ جمال سے محروم ہے۔ ظاہر ہے کہ اسی طرح ایک ہی کسوٹی پر ہر شاعر کی شاعری کے معیار اور اس کے

رنگ روپ کو بھی نہیں پرکھا جا سکتا۔ ہر دَور، حالات، تخیلات اور مشاہدات کے اظہار کے لیے شاعر اپنی جودتِ طبع کو کام میں لاتے ہوئے شعری تخلیقات کرتا ہے اور اسی کے اعتبار سے اس کی تخلیقات کے معیار و وقار کو سمجھنے اور پرکھنے کی ضرورت ہوتی ہے۔

آرٹ ایک فکریاتی حرکت (Ideological Activity) ہے جو ایک انسان کے اجتماعی جذبات اور خیالات کی نمائندگی کرتی ہے۔ فن کاری حقیقت کو ایک مخصوص تخیلی پیکر دے کر اسے دوبارہ سے پیدا کرتی ہے۔ فکری، تخیلی اور ذہنی تخلیق کے اسی عمل کو شعر و ادب سے تعبیر کیا سکتا ہے۔

وفآ صاحب کی تخلیقات میں ہم اس فکریاتی حرکت و عمل کو بخوبی محسوس کر سکتے ہیں۔ انہوں نے جس حد تک اپنی شعری کائنات کی تعمیر اور اس کی تزئین کاری میں تخیلات و مشاہدات اور فکری جواہر ریزوں کا استعمال کیا ہے وہ یقیناً" قابلِ تحسین ہیں۔ یہاں پر ہم ان کے صرف انہیں کلام کو زیرِ بحث لائیں گے جن کا تعلق مرثیہ، نعت اور عرفانیات سے ہے اور انہیں کلام کی روشنی میں یہ طے کرنے کی کوشش کی جائے گی کہ وفآ صاحب کے کلامِ میں کس نوعیت کی تخیلاتی بلندی اور معنوی ارتقا پایا جاتا ہے۔ سب سے پہلے کائنات کی تخلیق اور اس کے خالق کے حوالے سے دھرم پال گپتا وفآ کا جو کلام ہمارے سامنے آتا ہے اس میں ہم دیکھتے ہیں کہ وہ اسرارِ ہستی کو حاصل کرنے میں کس حد تک کامیاب ہوئے ہیں۔

انسانوں کی بھیڑ سے اٹھتے ہوئے شور میں یوں تو بے انتہا آوازیں شامل ہوتی ہیں لیکن ایک حقیقی شاعر اور سچّے عارف کو وہی آواز اپنی طرف کھینچتی ہے جو معنوی اور روحانی اسرار سے پُر ہو۔ آیئے دیکھتے ہیں وفآ صاحب کے اُس کمالِ عرفان کو کہ جہاں انہیں انسانوں کے اجتماع سے اٹھتی ہوئی آوازوں میں سے صرف وہی آواز سنائی دیتی

ہے جس میں رازِ خداوندی پوشیدہ ہو۔ دیکھیں شعر:

انسان کی خدمت میں ہے رازِ ہستی
ہر سانس کی آواز ہے سازِ ہستی
کر فرض ادا اور نتیجے کو نہ دیکھ
گیتا یہی بتلاتی ہے رازِ ہستی
ہر سانس انا الحق کی صدا دیتا ہے
کیا خوب کھُلا دار پہ رازِ ہستی

وفاؔ صاحب کے کلام کا مطالعہ کرنے سے اس بات کا اندازہ ہوتا ہے کہ وہ ایک انسان دوست، محب وطن، قومی یکجہتی کے علم بردار اور بشر نواز شاعر تھے، وہ ہر ایک آواز میں سازِ ہستی اور ہر ایک انسان میں رازِ ہستی کو یافت کر لینے کی صلاحیت رکھتے ہیں۔

اگر ہم گزشتہ اور موجودہ زمانے میں لکھی جانے والی مختلف زبانوں کی ادبی تخلیقات کا جائزہ لیں تو ان میں سے بیشتر تخلیقات معاصر معنویتوں سے معمور نظر آئیں گی لیکن کیا ہم یقین کے ساتھ یہ کہہ سکتے ہیں کہ ان کے لکھنے والوں نے سماجی وابستگی کی شرط کے ساتھ تخلیقی قوت کا اظہار کیا ہو گا؟ شاید نہیں۔ کیونکہ ایسا کرنا آرٹ اور تخلیق کے معنوی امکانات کو محدود کرنے جیسا ہو گا۔ ہمارے تخلیق کاروں نے الگ الگ طرح سے اپنے تخلیقی تجربوں کے اسرار کا انکشاف کیا ہے۔ یہ انکشافات ایک دوسرے سے بہت مختلف ہوتے ہیں۔ شاعر ہو یا نثر نگار، اپنی اپنی تخلیقی کاوشوں میں دونوں کو عجب طرح کی نیرنگیوں سے گزرنا پڑتا ہے۔ شاعروں میں اکثر ایسے ہوتے ہیں جو شعر کے موضوع کے انتخاب کے بجائے کسی مترنم لفظ یا خوش آہنگ ترکیب کو کھپانے کی غرض سے شعر کہتے ہیں اور شعر میں ایک عمدہ مضمون پیدا ہو جاتا ہے۔ بعض صرف اپنے مشاہدے کو نقل کر

دینا چاہتے ہیں اور مشاہدے کو کن لفظوں اور ترکیبوں کے ساتھ ساتھ پیش کرنا ہے اس سے انہیں غرض نہیں ہوتی جب کہ کچھ ایسے تخلیق کار ہوتے ہیں جو اپنے فن پارے کی صورت گری سے قبل مترنم الفاظ اور خوش آہنگ ترکیبوں کے ساتھ موضوع کو بھی اپنے ذہن میں رکھتے ہیں۔انہیں میں سے ایک دھرم پال گپتا وفاؔ بھی ہیں جنہوں نے مختلف شعری اصناف میں اپنی تخلیقات کے جوہر دکھائے اور ہر ایک صنف میں اس کے اصول ولوازم کی نہ صرف پابندی کی بلکہ اپنے تخلیقی تجربوں کالوہا بھی منوایا۔

جس طرح سے ان کے کلام میں موضوعات کا تنوع، معنوی امکانات، مترنم الفاظ اور شعری آہنگ موجود ہے وہ کم ہی شاعروں میں نظر آتا ہے۔ان کے کلام کو خواہ جس زاویے سے دیکھا جائے ان میں انسان پیکر بشریت میں ہونے کے باوجود خدائی تخلیق کا ایک بے مثال اور لازوال مظہر نظر آتا ہے۔اگرچہ دھرم پال گپتا وفاؔ کی آواز اردو شعرو ادب کی دنیامیں دیر سے ابھری لیکن دیر سے ابھرنے والی اس آواز کے آہنگ سے قطعی یہ نتیجہ نہیں نکالا جاسکتا کہ اردو دنیا میں ایک زمانے تک غیر معروف رہنے والی یہ آواز شعری آہنگ اور تخیّلات کی بلندیوں سے عاری تھی بلکہ سچ تو یہ ہے کہ دیر ہی سے سہی وفاؔ صاحب کی یہ آواز بہت سی معروف آوازوں پر غالب آجانے کی قدرت رکھتی ہے۔ان کے کلام کے مطالعے سے اس بات کا بھی اندزاہ لگایا جاسکتا ہے کہ ان کی شعری کائنات کسی خاص نظریے، رجحان یا تحریک سے وابستہ نہیں ہے بلکہ پوری انسانی بستی کو اپنے اندر سمیٹے ہوئے معلوم ہوتی ہے جن کا براہِ راست رشتہ خدااور اس کے بندوں سے ہے۔

ایک متحرک اور تیز رفتار پیشے یعنی صحافت سے وابستگی کے باوجود گپتا وفاؔ کی شاعرانہ طبیعت میں ایک قسم کی طمانینت نظر آتی ہے۔ انہوں نے اپنے کلام میں جہاں مختلف النوع موضوعات و مسائل کو سمیٹا ہے وہیں ہم دیکھتے ہیں کہ اسلام اور بانیِ اسلام سے ان کا

جذباتی لگاؤ عقیدت کی حد تک ہے۔اس کے علاہ انہوں نے ہندوستان کے تقریباً" سبھی مذاہب اور ان کے پیشوائوں کا ذکر اپنے کلام میں کیا ہے اور ہر ایک کے ساتھ ایک ہی سی الفت و محبت اور جذباتی لگاؤ کا اظہار بھی کیا ہے، یہ بات اس لیے کہی جارہی ہے کہ کوئی بھی عارف اور انسان دوست شاعر، ادیب یا صوفی سنت محض کسی خاص دھرم، نظریے یا خیال کا پابند نہیں ہوتا بلکہ اس کی نظر میں سب سے اہم اگر کوئی مذہب ہوتا ہے تو وہ ہے انسانیت ۔اپنے اسی دھرم اور انسانی جذبے کو انہوں نے ہمیشہ سارے نظریوں، تحریکوں اور رجحانوں پر فوقیت دی۔جو ان کے کلام میں جابجا دیکھے جاسکتے ہیں۔

وفاؔ صاحب کی شاعری کا یہ بھی ایک خصوصی امتیاز ہے کہ اس میں سارے مذاہب کے گرووں، دیوتائوں، پیروں اور پیغمبروں کی تعریف ان مذہبوں کے بنیادی عقیدوں کے مطابق کی ہے۔جہاں تک اسلامی عقائد اور اصول کی تفہیم کا سوال ہے اس کے حوالے سے ہم دیکھ سکتے ہیں کہ، وہ حضور پاکؐ کی تعریف میں نعتیہ کلام، حضرت علیؑ کی منقبت اور امام حسینؑ کی شہادت کے حوالے سے پیش کیے جانے والے مرثیوں میں کس حد تک اسلام کے بنیادی اصولوں کی پابندی کرتے ہیں۔ان کے کلام میں موجود معنوی امکانات سے یہ بھی اندازہ ہوتا ہے کہ انہوں نے اسلامی اصول و عقائد کا بڑی گہرائی سے مطالعہ کیا ہوگا۔یہی وجہ ہے کہ ان کے کلام کا ایک بڑا حصہ حضور پاکؐ اور خانوادہ رسالت مآب کی تعریف و توصیف سے مزین ہے۔

کہا جاسکتا ہے کہ جس وقت رسالت مآب اور ان کے خانوادے کے حوالے سے ان کی شعری تخلیقات وجود میں آتی ہیں تو ایسا معلوم ہوتا ہے کہ وہ وادئ مدینہ و نجف اور کربلا کے مسافر ہوں۔ اسی حوالے سے وفاؔ صاحب کی شعری کائنات کے ایک مخصوص رُخ کو سمجھنے کے لیے ان کے کچھ اشعار نقل کیے جارہے ہیں جن میں علم و عرفان کی

تجلیاں دیکھی جاسکتی ہیں، ملاحظہ کریں یہ اشعار:

عرش سے جن پہ فرشتوں کے سلام آتے ہیں
مژدہ باد آج نبیوں کے امام آتے ہیں
بشر جہاں میں وہ اعلیٰ مقام ہو جائے
کہ جس کے دل میں ترا احترام ہو جائے
محبوبِ خدا، ہادیءِ دیں، فخر دو عالم
اے شمعِ ہدیٰ، نورِ احد، حُسنِ مجسم

درج بالا مختلف اشعار سے اندازہ لگایا جاسکتا ہے کہ کس حد تک انہوں نے احترام آدمیت کا خیال رکھا ہے۔ ہر لحظہ اور ہر لمحہ پیغامِ انسانیت کو عام کرنے کی کی سعی جمیل کی ہے، خواہ جو بھی صورتِ حال ہو ان کے پیش نظر معیارِ انسانیت اور وقارِ آدمیت کو باقی رکھنا ہی انسانوں کا اولین فریضہ ہے۔ جہاں پر مسجدوں میں محمد عربیؐ کی صلائے عام کی بات کرتے ہیں اس میں نماز، روزے، حج اور دوسرے اسلامی ارکان کی باز گزشت سنائی نہیں دیتی، بلکہ اس پیغامِ عام میں سب سے اہم اور با معنی جملہ یہی سنائی دیتا ہے کہ دوسری قوموں کے ساتھ اس طرح باہمی سلوک روا رکھا جائے کہ اپنے پرائے کا تصور ہی باقی نہ رہے اور اسی کا نام انسان دوستی اور مذہب شناسی ہے۔

دھرم پال گپتا وفاؔ نے اپنی شاعری میں منقبت کو بھی خصوصی طور پر جگہ دی ہے۔ انہوں نے نہ صرف حضرت علیؓ سے اپنی بے پناہ عقیدت و محبت کا اظہار کیا ہے بلکہ ان کے بیٹے اور حضرت محمد مصطفیٰ ﷺ کے نواسے امام حسینؓ کی لازوال قربانی کو بھی انسانیت کے لیے احسان عظیم قرار دیا ہے۔ ظاہر ہے کہ حق و باطل کی اس جنگ میں شہادتوں کے باوجود بھی حق کی لازوال فتح کا اصول نافذ رہا اور رہتی دنیا تک اسلام کے نام

پر دہشت گردی پھیلانے والے یزید کی کھلی ہوئی شکست ہوئی اور اسلام کا پیغامِ امن و آشتی دنیا کے سامنے امام حسینؑ اور ان کے ساتھیوں کی شہادت سے ہمیشہ کے لیے محفوظ ہو گیا۔

وفاؔ صاحب نے امام حسینؑ کی شہادت اور ان کے پیغام کو اپنے مرثیوں میں اس طرح پیش کیا ہے کہ اردو شاعری میں ان کا کلام ان کے ہم عصروں میں ممتاز نظر آتا ہے۔ انہوں نے اپنی شاعری کے ذریعے امام حسینؑ کے پیغامات کو دنیا تک بخوبی پہنچایا، جنھوں نے ہر دَور کے انسانوں میں جابر حکمرانوں اور ظالم بادشاہوں کے خلاف آوازِ بغاوت بلند کرنے کی جراءت و ہمت پیدا کی۔ امام حسینؑ نے ظالموں اور جابروں کے چہروں پر پڑی ہوئی دھرم اور مذہب کی نقابوں کو الٹ کر جو پیغام دیا اس سے ظالموں کے چہرے ہمیشہ کے لیے بے نقاب ہو گئے اور کربلا کی اس جنگ کے بعد قیامت تک کے لیے امام حسین حق اور یزید باطل کا استعارہ بن گیا۔ دھرم پال گپتا وفاؔ نے کس حد تک امام حسین کی شخصیت کا عرفان حاصل کیا اس کا اندازہ درج ذیل اشعار بخوبی لگایا جا سکتا ہے:

سلامی ابنِ حیدر، جنگ کرنے رن میں آتے ہیں
مہ و خورشید حاضر کے لیے سر کو جھکاتے ہیں
چراغِ حق پرستی اِک نظر سے کرتے ہیں روشن
جہاں میں شمعِ باطل اپنے دامن سے بجھاتے ہیں

کفن سے رہ گئیں محروم لاشیں جب شہیدوں کی
تو ذرّے خاک کے روئے لپٹ کر جسمِ اطہر سے

کہا جا سکتا ہے کہ گپتا وفاؔ ایک بڑے شاعر ہیں جن کے کلام میں سچائی اور حق پرستی کی

آواز گونجتی ہے، ایسا اس لیے کہا جا رہا ہے کہ جو سچا شاعر ہوتا ہے اس کے یہاں بڑی شاعری کے امکانات صاف دیکھے جاسکتے ہیں۔ بڑی شاعری کے لیے صرف جذبات ہی اہم نہیں ہوتے بلکہ وہ شاعرانہ قالب بھی اہم ہوتا ہے جو اُن جذبوں میں شاعرانہ رفعت و بلندی پیدا کرتا ہے۔ ان کی شاعری نہ تو رجحانوں کے زیرِ سایہ پروان چڑھی اور نہ ہی رجحانوں کے زیرِ اثر ان کی تفہیم کی جانی چاہیے۔ رجحان آتے رہیں گے اور جاتے رہیں گے لیکن ان کی شاعری اپنے قاری سے محروم نہیں ہوگی۔ کیونکہ انہوں نے جن موضوعات کو اپنی شاعری میں پیش کیا ہے وہ ہمیشہ زندہ رہنے والے ہیں۔

Dharampal Gupta Wafa, a poet of Naat and Marsiya. Article by: Dr. Ali Abbas

***